D1487226

LEUTEBUCH
Ein leichtes Lesebuch

Albrecht Holschuh

Indiana University

HARCOURT BRACE JOVANOVICH, INC.

New York San Diego Chicago San Francisco Atlanta

To the memory of Paul Pimsleur

ISBN: 0-15-550601-3

Library of Congress Catalog Card Number: 77-76512

Printed in the United States of America

ACKNOWLEDGMENTS

The author wishes to thank the following for kind permission to adapt and reprint material appearing in this book.

Bild, Hamburg, for "Lotto," from *Bildzeitung.*
Berliner Verlag, Berlin, for "Familiensportfest," and "Das Kind ist krank—wer bleibt zu Haus?" from *Für Dich.*
Brigitte, Hamburg, for "Das Hamburger Gesicht," and "Vom Duzen," from *Brigitte.*
Burda GmbH, Offenburg, for "Störche," from *Bunte Illustrierte.*
Frankfurter Rundschau, Frankfurt, for "Gastarbeiterkinder," from *Frankfurter Rundschau.*
Neue Heimat, Dresden, for "Philadelphia," from *Neue Heimat,* (4/1973).
Panorama DDR, Berlin, for "Jugendobjekt Erdgas," from *Visite.*
Rowohlt Taschenbuch Verlag, Reinbek bei Hamburg, for "Drei Interviews mit der dreizehnjährigen

Heike." Reprinted by permission of Rowohlt Taschenbuch Verlag. From *Ich bin 13* by Heike Hornschuh, published in the series "rororo rotfuchs." © Rowohlt Taschenbuch Verlag GmbH, Reinbek bei Hamburg, 1974.

Stern, Hamburg, for "Das Butterschiff vom Bodensee," "Störche," "Die Leute vom Jahrmarkt," "Schwalben per Flugzeug," "Römische Archäologie am Rhein," from *Stern*.

Tagesanzeiger Zürich, Zürich, for "Traditionelles Bild der schweizer Frau," from *Tagesanzeiger*. Copyright by Tages-Anzeiger-Magazin.

Die Zeit, Hamburg, for "Jockey," "Sommerstatistik," "Die neue Brücke," "Möchten Sie nicht Schäfer werden?" "Heim oder Hochhaus?" "Moselwein," "Schönes neues Land," "Gastarbeiterkinder," "Vater, alleinstehend, zwei Kinder," from *Die Zeit*.

PICTURE CREDITS AND COPYRIGHT ACKNOWLEDGMENTS

Original illustrations and pictorial glosses by Ed Malsberg

Cover photo: Christa Armstrong, Photo Researchers

Preface

The joy of reading in a foreign language is sometimes delayed until students have completed at least two basic courses. Beginning students work in the hope that beyond structural exercises and the artificial reading passages that accompany them, and beyond introductory readers of more or less contemporary literature, they will someday approach reading matter of general and immediate appeal. They know that there must be foreign language articles similar to those that they read for pleasure and enlightenment in their own language.

Leutebuch is designed to bring this reward closer to the initial learning effort. It can be read before the completion of a basic German course, and its content resembles that of Sunday newspaper supplements. It shows how people in German-speaking countries of Europe live and what they often read about their wishes, worries, diversions, joys, and achievements. Nearly all of the thirty-two selections are adapted from German-language newspapers and magazines, from the kind of inviting and informative articles that attract the casual reader.

Because journalistic style can tax the skills of readers in lower-level courses, the texts have been modified to varying degrees. In a few cases, two or even more sources converged; in one, memory was the only link to an otherwise lost source. Three texts were written specifically for this collection.

Each selection is followed by exercises that enhance fluency and expand the active vocabulary. Some exercises support the reading matter, while others take their cue from the text and go on to develop a largely independent, patterned treatment of a given linguistic feature. In all selections and exercises, *Leutebuch* strives to maintain the flexibility of a supplemental text of broad appeal.

Preparation of this book was a pleasant task. In part *Leutebuch* emulates a pattern set by two other readers, *C'est la vie* and *Sol y sombra*, and it is therefore dedicated to the memory of their author, Paul Pimsleur, a scholar and teacher whom I never met but whose work I admire. Special thanks for guidance, help, and understanding are due to Albert I. Richards and his colleagues at Harcourt Brace Jovanovich. I also want to acknowledge my gratitude to Marilyn, Peter, Kai, Carrie, and Arno, who graciously accepted the disruption of so many family days.

A reader like *Leutebuch* is built on the generosity of authors, publishers, and illustrators who permit their materials to be used and modified. Details of reference are listed elsewhere, but the fundamental importance of these contributors is hereby stressed at the beginning.

A. H.

Contents

Introduction

Leutebuch presents linguistically simple reading matter accompanied by easy to moderately difficult exercises for oral and written work. Designed for use as a beginning reader, *Leutebuch* may be used before the basic structure of the language has been fully introduced and, for the most part, without reference to the future tense, the passive voice, or the subjunctive mood. Yet the book can also serve the needs of students in intermediate conversation classes. The final exercise in most chapters, for example, is more demanding than the reading selection and requires students to discuss, to report, and occasionally even to dramatize what they have read. To some readers *Leutebuch* may simply offer entertainment, apart from any learning goal.

The Sources

The selections were drawn from publications in all four German-speaking countries: Austria, the Federal Republic of Germany, the German Democratic Republic, and Switzerland (a multilingual nation). The German-language culture accentuates both the coherence and the schism between the two major political areas of Europe, and *Leutebuch* acknowledges this situation. Switzerland and Austria maintain political neutrality, but their newspapers reflect the deep split between life in the three Western countries and in the German Democratic Republic.

Equal representation of all four countries proved infeasible. The West German news industry is far more powerful than that of Austria or Switzerland and is read by a major share of their audience; and much of what is published and accepted in East Germany would not appeal to many Western readers. *Leutebuch* attempts justice to the four cultural subsets, however, and it invites its readers to go further; a balanced view should be based on more extensive information than can be presented here.

Issues and Opinions

Once the materials had been adapted to our linguistic needs, they were allowed to speak for themselves. Editorial comments only occasionally color an exercise or an introductory sentence. A number of texts are included for their controversial attitude, in the hope that their topics may give rise to fruitful discussion. For example, one East German entry speaks warmly of agricultural collectivism; in a West German entry, a girl considers her best career options to be those of a nurse or a stewardess. Since many readers may object to these views, their reactions should lead to deeper comprehension of both the issues and the German language.

As might be expected in a book drawn from newspapers and magazines of recent years, the two issues mentioned above emerge more than once: the differences between the East and the West and between the social roles of women and men in the family and in society. In these cases, as in those of other themes discussed in the reading selections, comparisons with American life will undoubtedly arise during class discussion. There are entries on urban renewal, on minority education, on legalized gambling, on strip-mine reclamation, and on a national campaign for physical fitness. Yet *Leutebuch* is not primarily a collection of serious political fare. For the most part the tone is light, with occasional missionary overtones from the East and a measure of social criticism from the West. One can read about May beetles, horses, storks, noodles, shepherds, matchmaking, or wine: students deserve to be entertained as well as informed.

Some entries record statements by the German-speaking readers themselves: in letters to the editor, street interviews, and personal classified advertisements. Where available, their names and identities have been preserved. In one selection, twenty-two people express their personal wishes; in another we encounter ten individual opinions. Three entries, on the other hand, are derived from interviews with the same thirteen-year-old girl. *Leutebuch* wants to offer a change of pace not only from routine course work but even from its own format.

Entry Length and Language Level

The texts are short, 92 to 868 words, with an average length of 388. Some of the more extensive ones can be read in segments or in excerpts of paragraph size. The brevity of assignments should facilitate the use of the selections as supplementary course material.

The language is simple, but readers are expected to be somewhat familiar with a number of grammatical features commonly presented in basic textbooks. (*Leutebuch* may be conveniently introduced with the second half of such books.) The following features occur in nearly all of the selections: modal verbs, infinitive clauses, dependent clauses including relative clauses, and adjective endings. Comparative and superlative forms of the adjective are fairly common. Fortunately, adjective endings pose less of an obstacle in reading than in speaking or writing.

Beginning students of German may be surprised by one stylistic aspect: *Leutebuch* reflects the wide range of word-order possibilities characteristic of native German writing. The texts show the particular stylistic freedom of a substantially inflective language.

Partly by design and partly because of the nature of the material, certain other structural features occur rarely or not at all. Only eight entries contain passive verb forms; contrary-to-fact subjunctive is found in only four, and the past perfect tense in three. There are three instances of future tense, one each of present participle and of indirect discourse subjunctive, and no double infinitive constructions. The less common features appear in the second half of the book.

The selections are arranged roughly in order of ascending linguistic complexity (primarily of verb forms), although the specific sequence is strongly influenced by considerations of thematic affinity and contrast. Three of the last four entries, for example, are written mostly in the active voice of the present tense, and in this regard they resemble those on the first pages.

The following chart may serve as a guide for readers trying to find texts suitable for their level of competence in German. A dot indicates that a given feature occurs once or twice, and an X signals higher frequency. The last column records the number of words in each text.

Exclusive Use of German

The reading matter, the marginal explanations, the exercises, and the instructions preceding them are all in German. Readers who avoid additions in their mother tongue will thus have the opportunity to work with material that is free of interference from written English. They will find this an important prerequisite for successful review of previously introduced material. This feature also encourages the most valuable skill for advanced reading: that of building comprehension through context reference instead of through translation. Students should read passages or even whole selections at least three times before turning to the vocabulary at the end of the book.

Marginal Glosses

New words not easily deduced from their context are explained in the margin. Wherever possible this commentary consists of synonyms and definitions, but some glosses are examples, approximate descriptions, or less common alternative expressions. If one or another of these does not offer sufficient guidance at first sight, it will serve as a memory aid once the vocabulary list has been consulted. Where glosses are not given, they are likely to have been included on an earlier page. After the first few weeks, students may discover that they can read some paragraphs without reference to the margin or the vocabulary.

Vocabulary

Leutebuch reflects the German tendency to sport words of foreign origin, and it capitalizes on it. The text contains numerous loan words from Latin, Greek, French, and English, and it is therefore both easier to read and more sophisticated in its stylistic appeal than would otherwise have been possible. A beginning reader offers difficult terrain for the defense of language purism. *Leutebuch* uses words like *Interdependenz* instead of *gegenseitige Abhängigkeit* and at times relies on such colloquialisms as *ein cleverer Mann.* However, care was taken not to step beyond accepted current usage.

Students should be warned not to rely on simple transfer of cognate meaning. *Studieren* does not mean fully the same as *to study, Student* not fully the same as *student,* and *sensibel* is not synonymous with *sensible.* Cognates can lead to an approximate understanding of the foreign text, but in many cases the meaning should be verified. For this reason, and because readers will need to know gender and plural endings of nouns, the cognates are included in the vocabulary.

The vocabulary is quite extensive, containing approximately twenty-five hundred entries; this figure is equal to one-fifth of the word count in the reading matter. It is not recommended that all students attempt to acquire the whole vocabulary for active use. Instead, they may want to concentrate on words that have to be looked up more than once.

The following are omitted from the word list: articles, pronouns, possessive adjectives, numbers, names that are spelled alike in English and German, and meanings not used in *Leutebuch.* Thus, *laut* is explained as *loud* but not as *according to* because the latter meaning does not occur in this book. The stem forms of all strong verbs are indicated, but the auxiliary verb of the perfect tense is not. Choice of the auxiliary verb, besides being a lexical issue, is also one of grammar. It would have been necessary to include *hat gefahren* along with *ist gefahren,* which both occur in the first reading piece, and this might have led to misunderstanding. (In this particular instance the vocabulary provides an explanation.)

After some hesitation it was decided to list professions in their generic form, that is, as masculine. The decision is applied consistently even in cases like *Sekretär* and *Steward.* The only exceptions are *Hausfrau,* referring in its feminine form to men and women alike, and *Scheuerfrau,* which occurs in a colloquial context where it could not have been supplanted by the more formal *Raumpfleger(in).*

Exercises

The exercises are numerous and varied. It is not necessary, or even desirable, that a class cover all the exercises following a reading selection. The tasks range from one-word replies for beginners to entire dramatic scenes, which more advanced students are invited to compose. Users of this book are encouraged to sample the different types of assignment and to concentrate on those that best serve their particular needs. Occasionally they will encounter a challenge to go beyond the text, to move out on their own. The eventual independence of the learner is one of our goals.

One type of exercise especially helpful to students who have just completed a reading selection consists of content questions that require responses of only one to five words. These responses pave the way for more complex quotations and paraphrases from the text. This exercise, which can also serve as "warm-up" activity at the beginning of a class period, is easy to compose. Examples are provided in Chapters 1 and 4, under *Kleine Fragen zum Text.*

Students may write their own questions when they are provided with replies. Having read the unhappy story of the lady standing in her night-gown by the *Autobahn,* for example, they can complement a reply like *In Dänemark* with the question: *Wo wohnt die Frau?* Experience has shown that some classes need several days of introduction before becoming skillful at this task.

The instructor may also list five to ten recently introduced words on a blackboard or screen before class. At the beginning of the period students are then asked to use the words in a sentence or, in advanced classes, to define or explain them in German. The book offers a number of examples of this type.

In many exercises a response is provided for each cue, but students are free to offer a different one. Such exercises are best suited for oral treatment in class after home preparation. Nearly all exercises in this book can be executed orally.

Most chapters end with one or more *Ganz große Aufgaben.* These call for reports, discussions, and dramatizations of parts of the reading matter, often with an instructive change of perspective. One example of this type would be to let General Patton explain to his supreme com-mander why he risked saving the *Lippizaner* mares. Obviously this could be handled by advanced students only. It is not expected that any student will find all exercises to be either too difficult or too easy.

Conclusion

When parts of the text were class-tested in manuscript form, some students began to browse through them; they read ahead and asked for additional installments. If the printed version acquires such readers, it will have achieved one of its major goals. The teaching and learning of German language and culture is an important business—both serious and enjoyable.

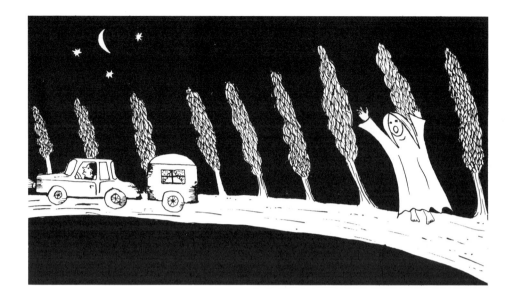

1 Das Gespenst°
an der Autobahn

nicht reale Person; Spuk

Autobahn

In der Nacht geht bei der Polizei das Telefon: "An der Autobahn° steht ein Gespenst!" Jaja, denkt der Polizist, du hast wohl zuviel Bier getrunken.

Aber nach zehn Minuten ist wieder einer am Telefon: "An der Autobahn steht ein Gespenst, das winkt° mit den Armen."

mit Hand und Arm auf und ab

Also fährt ein Polizeiwagen zur Autobahn. Dort steht eine sehr müde und unglückliche Frau in einem langen Nachthemd.° Sie winkt: "Nehmen Sie mich bitte mit?" Ja, aber warum steht sie hier im Nachthemd? Ihre Geschichte ist ganz einfach:

Kleid, in dem man schläft

Sie lebt in Dänemark. Sie und ihr Mann sind gerade° in

vor ganz kurzer Zeit; jetzt

1

Parkplätze

Italien gewesen. Auf der Fahrt zurück nach Dänemark hat ihr Mann gefahren, und sie hat im Wohnwagen° geschlafen. In der Nacht ist sie auf einem Parkplatz° hinter einen Busch gegangen. Nach ein paar Minuten hat ihr Mann wohl gedacht, sie ist wieder im Wohnwagen, und ist einfach weitergefahren.

Die Polizisten dürfen nicht lachen. Sie nehmen die Frau im Nachthemd mit, und sie bitten ihre Kollegen von einer anderen Station, den Mann zu informieren. Und jetzt kommt der zweite Akt des Dramas:

Ein Polizeiauto von der anderen Station stoppt den dänischen Wagen. Der Fahrer muß seine Papiere zeigen. "Ist jemand in Ihrem Wohnwagen?", fragt ein Polizist. "Nein", antwortet der Däne. Er weiß: im Wohnwagen Fahren ist verboten.

"Hm", sagt der Polizist zu seinem Kollegen, "wir wollen einmal° nachsehen." Die Polizisten gehen zum Wohnwagen und sehen hinein. (Sie wissen natürlich schon, daß da niemand ist.)

Der Däne denkt, jetzt finden sie seine Frau im Bett. Aber nach ein paar Minuten kommen die Polizisten wieder und sind ganz freundlich: "Wir bitten um Entschuldigung. In Ihrem Wohnwagen ist wirklich niemand. Sie dürfen weiterfahren."

O Gott, was soll der Mann jetzt tun?

[286 Wörter]

Wohnwagen

Platz, wo Autos parken

dieses Füllwort macht alles weniger wichtig: nur auf einen Moment; nur so; okay?

Übung und Besprechung

A Können Sie für jedes Wort eine einfache deutsche Definition geben? Wenn nicht, fragen Sie Ihren Lehrer!

  1. Ein Polizeiwagen ist ein Wagen der Polizei.
  2. Ein Wohnwagen ist ein Wagen, in dem man wohnen kann.
  3. ein Kinderwagen
  4. ein Zirkuswagen
  5. ein Bierwagen
  6. ein Krankenwagen
  7. ein Eisenbahnwagen
  8. ein Pferdewagen
  9. ein Handwagen
10. ein Möbelwagen
11. ein Sportwagen

B Was geschieht hier?

1. Auf einem Parkplatz parken Autos.
2. Auf meinem Sitzplatz sitze ich.
3. auf dem Fußballplatz
4. auf dem Tanzplatz
5. auf meinem Schlafplatz
6. am Bahnhofsplatz (oder Bahnhofplatz)
7. am Rathausplatz
8. auf einem Bauplatz

C Kennen Sie andere Wörter mit "-platz" oder "-wagen"? Können Sie die auf deutsch definieren oder in einem Satz gebrauchen?

D. Kleine Fragen zum Text

1. Bei wem geht das Telefon?
2. Wann geht das Telefon?
3. Wo steht das Gespenst?
4. Was tut das Gespenst?
5. Wohin wollte die Frau mit ihrem Mann?
6. Wo hat sie geschlafen?
7. Wer soll den Mann informieren?
8. Wer stoppt den dänischen Wagen?
9. Was muß der dänische Fahrer tun?

10. Wohin gehen die Polizisten?
11. Was tun sie da?
12. Wann kommen sie wieder zu dem Fahrer?

E. Größere Fragen zum Text

1. Was sagen die Leute am Telefon?
2. Was denkt der Polizist, der ihnen zuhört?
3. Wen finden die Polizisten an der Autobahn?
4. Warum ist der Däne nach ein paar Minuten einfach weitergefahren?
5. Was tun die Polizisten für die Frau?
6. Was fragt ein Polizist den dänischen Fahrer?
7. Warum sagt der Däne "nein"?
8. Warum bitten ihn die Polizisten um Entschuldigung?

F. Ganz große Aufgaben

1. Vor was für einem Dilemma steht der Däne am Ende?
2. Was erzählt einer der Polizisten am nächsten Tag seinen Kollegen?
3. Was sagen der Däne und seine Frau zueinander, als sie endlich wieder zusammen sind? Eine komplizierte Diskussion.

2

Nudeln machen glücklich

dick   dünn

Nudeln machen dick°: falsch.

Nudeln machen dünn°: auch falsch.

Alles, was man so über Nudeln sagt, ist nur die halbe Wahrheit. Die ganze Wahrheit lesen Sie im Gesicht von dem, der Nudeln ißt. Denn Nudeln machen glücklich.

Problemlos, schnell und vielseitig in der Küche — leicht für Ihren Magen° und machen trotzdem satt — und so leicht auf Vorrat° zu halten.

Mal° ganz ehrlich: Kennen Sie ein anderes Nahrungsmittel,° das all das von sich sagen kann und das dabei so gut schmeckt?

Wir wünschen Ihnen guten Appetit:

Wir, die deutschen Nudelmacher.

[92 Wörter]

Nach einer Reklame im *Stern*

was man ißt, kommt in den Magen

Reserve

mal = einmal / etwas zum Essen

5

Übung und Besprechung

A Was hat man davon?

Nudeln machen dick.

Bier   Kaffee   Kartoffeln   Arbeit   Sport   Geld   Kinder
Nachdenken   lange Haare   vegetarisches Essen

machen

dünn   wach   müde   alt   jung   glücklich   unglücklich
hungrig   satt   dumm   arm

B Sind Sie alle der gleichen Meinung? Oder machen Nudeln doch nicht dick? Und Kartoffeln? Bier . . .

C Wenn jemand sich zum Essen setzt, wünscht man ihm guten Appetit. Was wünscht man,

1. wenn jemand abends zu Bett geht;
2. wenn jemand morgens ins Zimmer kommt;
3. am Freitagnachmittag;
4. vor Weihnachten;
5. wenn jemand wegfährt;
6. am ersten Januar;
7. wenn jemand krank ist?

ein schönes Wochenende   gute Nacht (oder angenehme Ruhe)   prosit Neujahr
gute Reise   gute Besserung   guten Morgen   fröhliche Weihnachten

D Erklären Sie diese Wörter, oder gebrauchen Sie sie in einem Satz!

1. vielseitig
2. der Magen
3. das Nahrungsmittel
4. der Appetit

E Ganz große Aufgaben

Schreiben Sie einen Reklametext für

1. Milch
2. Brot
3. das Fahrrad
4. ?

3 Pfund
ist
nicht
Pfund

Europäisches Pfund:
500 Gramm

Amerikanisches Pfund:
454 Gramm

Die größte Industrie-Nation will endlich das Dezimalsystem übernehmen: das hört man jetzt aus Amerika.

Es ist ein Wunder, daß die amerikanische Industrie und auch die Leute im Privatleben noch mit ihrem fast prähistorischen System arbeiten können. Der europäische Tourist in den USA muß lernen, daß ein Pfund nicht ein Pfund ist: In Amerika ist es nicht 500 Gramm schwer, sondern nur 454 Gramm.

1 "quart"

1 Liter

Zwei Pfund Wasser sind dort, als Volumen, ein "quart", das ist ein Liter minus rund 5 Prozent. Ein halber Liter (wieder minus rund 5 Prozent) heißt "pint", und dann gibt es noch 16 Unzen pro "pint" und 4 "quarts" pro Gallone.

Ein Dualsystem also (2, 4, 8, 16 . . .)? O nein, nur zum Teil. Lesen Sie weiter:

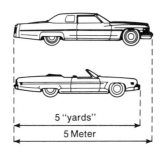

5 "yards"

5 Meter

Ein "yard" ist ungefähr° ein Meter (10 Prozent weniger).   rund
Dieser "yard" hat 3 Fuß oder 36 Zoll! Ein Fuß ist also rund 30 Zentimeter lang und ein Zoll rund zweieinhalb Zentimeter.

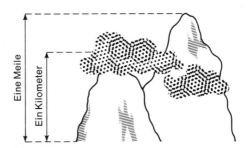

Eine Meile

Ein Kilometer

Eine Meile hat nicht 1.000 "yards" (das ist zu einfach), sondern 1.760 "yards". Nur 55 Meilen pro Stunde darf man auf amerikanischen Straßen fahren, auch auf den Auto-bahnen; das sind ungefähr 90 Kilometer, nicht sehr viel.

8

Wenn ein Europäer wissen will, wieviel Land man ihm in den USA verkauft, bekommt er eine relativ einfache Antwort: Ein Quadratkilometer hat 247 "acres", ein Hektar also rund 2,5 "acres". Anders gesagt: Ein "acre" ist etwas über 4.000 Quadratmeter groß (4.047 m²).

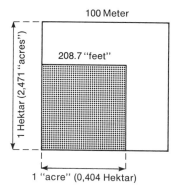

100 Meter

1 Hektar (2,471 "acres")

208.7 "feet"

1 "acre" (0,404 Hektar)

Land gibt es noch zu kaufen in den USA, nicht zu teuer. Aber man muß nach dem Klima fragen. "Wie warm wird es hier im Sommer? 95 Grad?! Das kann doch nicht sein!" Doch, aber in Fahrenheit.° Wer das in Celsius° übertragen will, muß seine Multiplikationen gut im Kopf haben. In Amerika kocht Wasser nicht bei 100 Grad, sondern bei 212, und zu Eis wird es nicht bei null Grad,° sondern bei 32 — wenigstens noch ein   0° paar Jahre lang.

[311 Wörter]

Fahrenheit   Celsius

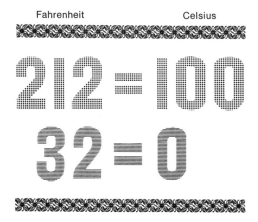

212 = 100

32 = 0

Übung und Besprechung

A Nein, doch oder ja? Nein (negativ); doch (positiv); ja (nicht positiv und nicht negativ).

1. Hat Kolumbus Amerika nicht entdeckt? → Doch.
2. Ist Hawaii kein Staat der USA?
3. Ist ein Kilometer nicht tausend Meter lang?
4. Gibt es in Amerika keine Autofahrer, die zu schnell fahren?
5. War Kolumbus nicht der erste Entdecker Amerikas? → Nein.
6. Darf man hier nicht so schnell fahren, wie man will?
7. Ist ein Pfund nicht überall in der Welt gleich schwer?
8. Ist Puerto Rico kein Staat der USA?
9. Waren die Wikinger nicht die ersten Entdecker Amerikas? → Ja, das weiß man nicht genau.
10. Ist das Wetter in Amerika nicht wärmer als in Europa? → Ja, das kann man nicht generell sagen.
11. Wissen Sie nicht, woher die Kinder kommen? → Ja, das sage ich Ihnen nicht.
12. Wissen Sie nicht, wer das erste Auto konstruiert hat?
13. Können Sie nicht autofahren?
14. Wissen Sie nicht, wie alt ich bin?
15. Wollen Sie nicht alt werden?
16. Wollen Sie keine Kinder haben?
17. Glauben Sie nicht, daß die Menschen gut sind?
18. Haben Sie wirklich noch nie Bier getrunken?

B Schreiben Sie selber fünf negative Fragen, auf die man mit doch, mit nein oder auch mit ja antworten kann! Stellen Sie diese Fragen einem anderen!

C Ist das ein Wunder, oder ist das kein Wunder?

1. Die Leute können mit diesem System noch arbeiten. — Es ist ein Wunder, daß die Leute mit diesem System noch arbeiten können.
2. Es gibt immer noch Optimisten. — Es ist . . .
3. Hänsel und Gretel konnten den Weg zurück nicht finden.
4. Dieser naive Mensch kann das nicht verstehen.
5. Er will kein Bier mehr sehen.
6. Sie will diesen Menschen trotzdem wiedersehen.
7. Die Patientin darf schon wieder aufstehen.
8. Die Konsequenzen muß sie selber tragen.

D Fragen eines Europatouristen

1. Die Leute in München trinken oft ein oder zwei Liter Bier. Ist das viel?
2. Mein neuer Freund fährt auf der Autobahn 180 Stundenkilometer. Ist das sehr schnell?
3. Ich glaube, Autofahren ist in den USA billiger als in Westeuropa. Was kostet ein Liter Benzin in Amerika?
4. Morgen soll es 27 Grad Celsius werden. Soll ich einen Pullover mitnehmen?
5. Das Wasser im Schwimmbad hat 20 Grad. Ist das warm genug zum Schwimmen?
6. Den neuen Pullover darf ich nur in Wasser von 30 Grad waschen. Kann ich ihn mit der Hand waschen, oder ist das Wasser zu heiß dafür?
7. Ich bin sechs Fuß groß, und die Schwester meines neuen Freundes soll ein Meter fünfundsechzig groß sein. Bin ich größer?
8. Meine Schwester in Iowa hat gestern ein Baby bekommen. Im Telegramm steht, daß das Baby neun Pfund und acht Unzen schwer ist. Neuneinhalb Pfund — das will mein Freund hier nicht glauben. Wieviel Kilos ist das Baby schwer?
9. Der Garten hier ist tausend Quadratmeter groß, und der von meinem Großvater hat 0,5 "acres". Welcher ist größer?
10. Zwei Kilometer ist es von hier zum Bahnhof. Kann ich das in einer halben Stunde zu Fuß gehen?

E Schreiben Sie vier Fragen eines deutschen Amerikatouristen, und geben Sie auch die Antworten!

4

Jockey

Ein Stück Toast, ein Ei, eine Tasse Kaffee°: Bis morgen abend muß das genug sein, bis morgen abend gibt es für den Jockey Kurt Berber nur Zigaretten und heißen Tee. Es ist Samstagmorgen 8 Uhr, 30 Stunden vor dem Rennen,° und Berber hat noch ein Kilo zuviel. Im Rennprogramm steht hinter seinem Namen: "54 kg".° Jetzt hat er 55.°

"Ein Kilo in einem Tag, das ist Routine", sagt er vom Pferd° herab, die Zigarette in der Hand. "Ich habe immer gewußt, daß ich als Jockey hungern muß. Ich habe nicht gewußt, daß das so schwer ist."

Er ist 25 Jahre alt; Jockey ist er mit 14 geworden. 1.500 Rennen hat er hinter sich, 181mal war er erster. "Ich habe immer mit Pferden zu tun gehabt. Etwas anderes habe ich nicht gelernt. Wenn ich zu schwer werde, ist es aus."°

159 Zentimeter° ist er groß. Auf dem Pferd ist er ein Star;

Ein Stück . . . Kaffee

Derby

kg = Kilogramm /
 55 kg = 121 amerikanische
 Pfund

Pferd

ist es aus = ist es zu Ende
rund 5′2½″

Mädchen bitten ihn um Autogramme. "Heiraten,° das habe ich einmal gewollt, aber es ist nichts daraus geworden." Er wohnt allein, nicht weit von den Pferden. Abends fährt er manchmal in die Stadt und spielt mit ein paar Freunden Billard. Auch ein Glas Bier trinkt er dann. Mehr nicht.

heiraten

Die Pferde gehören anderen Leuten. Auf welchem Pferd er sitzt, interessiert ihn nicht sehr; für ihn ist das Tier eine Maschine.

Die besten Pferde bekommen ein Handikap: Sie müssen mehr Kilos tragen, damit die Rennchancen nicht so ungleich sind. Junge Pferde tragen manchmal unter 50 kg, die kann Kurt Berber nicht mehr reiten.

Wenn er schwerer wird, sind weniger Pferde für ihn da — und also weniger Rennen. Mit 14 Jahren hatte er 38 kg°. . . Jetzt also: Gymnastik, Hunger, eine Stunde intensiv laufen, Sauna, Zigaretten, Tee.

rund 84 amerikanische Pfund

"Natürlich bin ich gern Jockey. Ich habe es immer gewollt."
Seine Eltern waren dagegen.

Am Sonntagabend nach dem Rennen steht er neben seinem Chef, dem Trainer Willi Hessler. Da kommen ein Mann und seine Frau mit ihrem dreizehnjährigen Sohn, "der so gerne Jockey werden möchte." "Mensch", sagt Kurt Berber, "du bist ja° jetzt schon viel zu schwer." Der Junge protestiert. Berber sieht auf seine Zigarette: "Junge, lern doch etwas Richtiges°!"

ja = wie jeder sehen kann

etwas Gutes, Solides

[365 Wörter]
Nach einem Artikel von Thomas Darnstädt in der *Zeit*

Übung und Besprechung

A   Adjektive und die Vorsilbe "un-"

1. Was ist gesund, was ungesund? → Rauchen ist ungesund. Laufen ist gesund. Schweres Essen ist . . .
2. Welche Dinge sind gleich, welche ungleich?
3. Geben Sie ein Beispiel von einem undankbaren Menschen!
4. "Ungenau" ist das Gegenteil von "genau". Benutzen Sie es in einem Satz!
5. Was ist richtig, was unrichtig?
6. Was ist möglich, was unmöglich? — Eine Meile in drei Minuten laufen; in die Zukunft sehen; Liebe ohne Ende. Du bist ein unmöglicher Mensch!
7. Machen Sie eine Liste von fünf wichtigen und fünf unwichtigen Dingen!

B   Wieviele Adjektive mit "un-" können Sie finden?

"Unglücklich" ist das Gegenteil von "glücklich".
"unsicher"
"unbekannt"

C   Manches kann man auch anders sagen, als es im Text steht. Hier zeigen wir Ihnen zwei Versionen. Wenn Sie die eine hören, können Sie sich dann an die andere erinnern?

1. *Für ihn gibt es* nur Zigaretten und Tee. → Er bekommt nur Zigaretten und Tee.
2. Er *wiegt* ein Kilo zuviel. → Er hat ein Kilo zuviel.
3. Am *Sonnabend*. → Am Samstag.

4. Ein Kilo an einem Tag *abnehmen, das muß er oft.* → Ein Kilo weniger an einem Tag, das ist Routine.
5. Bis morgen abend *darf er sonst nichts essen.* → Bis morgen abend muß das genug sein.
6. *Sein Gewicht ist zu hoch.* → Er wiegt zuviel.
7. Oft *ißt* er *nichts oder zu wenig.* → Oft hungert er.
8. Es ist alles *zu Ende.* → Es ist alles aus.
9. Mädchen bitten ihn um *seine Unterschrift.* → Mädchen bitten ihn um Autogramme.
10. *Nahe bei* den Pferden. → Nicht weit von den Pferden.
11. *Mir ist* das *gleich.* → Mich interessiert das nicht.
12. *Es war* immer *sein Wunsch.* → Er hat es immer gewollt.

D Kleine Fragen zum Text

1. Was für ein Frühstück bekommt Kurt Berber am Samstag?
2. Wie schwer ist er am Samstagmorgen?
3. Wie schwer war er mit vierzehn Jahren?
4. Bei wie vielen Rennen ist er dabeigewesen?
5. Wie oft ist er erster geworden?
6. Wo wohnt er?
7. Worum bitten ihn junge Mädchen?
8. Wem gehören die Pferde, die er reitet?
9. Was bekommen die besten Pferde?
10. Wer kommt nach dem Rennen zu ihm und seinem Trainer?
11. Was will der Junge?
12. Wie alt ist Kurt Berber?

E Größere Fragen zum Text

1. Warum sind Toast und Ei am Samstagmorgen so wichtig?
2. Was sagt Berber vom Pferd herab?
3. Was hat er immer gewußt — und was nicht?
4. Was tut er manchmal abends?
5. Warum kann Kurt Berber nicht mehr alle Pferde reiten?
6. Was sagt er zu dem Jungen?
7. Mit welchen Methoden versucht er, schnell ein Kilo abzunehmen?

F Können Sie diese Wörter auf deutsch erklären?

1. der Jockey
2. der Sonntag
3. das Autogramm
4. hungern
5. heiraten

5 Das Butterschiff vom Bodensee

Wer aus dem Ausland° nach Hause fährt, darf etwas Kaffee, Zigaretten, Alkohol usw.° mitbringen, ohne für den Import zu zahlen.

nicht sein Land

und so weiter; etc.

Der Bodensee liegt zwischen drei deutschsprachigen Ländern: Schweiz, Österreich und Bundesrepublik Deutschland. (In der Schweiz ist Deutsch nicht die einzige offizielle Sprache.) In der Mitte, wo das Wasser mehr als 25 Meter tief ist, ist der See° sozusagen international.

großes Wasser im Land, kleiner als Ozean

Ein cleverer Mann nimmt ein Schiff und fährt in die Mitte des Bodensees, also ins "Ausland". Dort verkauft er für wenig Geld Whisky, Kognak, Kaffee, Tee, Zigarren, Zigaretten, Parfüm, Butter und noch 80 andere gute Sachen, die ein Tourist frei importieren darf.

Jeden Abend fährt das Schiff hinaus, mit 600 "Touristen", die nur auf dem Wasser einkaufen und dann mit dem Schiff zurückfahren. Die Polizei der drei Länder um den See kann nichts dagegen tun und muß zusehen. Ganz Mitteleuropa lacht über das "Butterschiff".

16

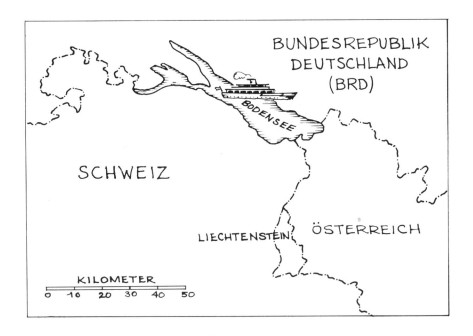

Internationale Kooperation ist manchmal das Beste für die nationalen Finanzinteressen. Die politischen Details sind kompliziert, aber eines ist sicher: Das Butterschiff fährt nicht mehr lange, die Leute müssen bald wieder zu Hause einkaufen. Österreich, Schweiz und BRD haben schon einen Plan.

[188 Wörter]
Nach einem Artikel im *Stern*

Übung und Besprechung

A Benutzen Sie eine Infinitivkonstruktion!

1. Er sucht das Haus und findet es nicht. → Er sucht das Haus, ohne es zu finden.
2. Er hält ein Buch und liest es nicht. → Er hält ein Buch, ohne . . .
3. Sie kommt herein und sagt nicht Guten Tag.
4. Die Dame trinkt den Kaffee und dankt nicht dafür.

5. Der Mann steht neben seiner Tochter und sieht sie nicht.
6. Adam sieht auf den Apfel und beißt nicht hinein.

B Neue Verben—können Sie sie erklären oder in einem Satz gebrauchen?

1. Zu "Import" gehört "importieren". Importieren heißt etwas im Ausland kaufen und ins Inland bringen.
2. Zu "Export" gehört "exportieren". Exportieren heißt . . .
3. Zu "Transport". . .
4. Zu "Reform". . .
5. Zu "Protest". . .
6. Zu "Revolte". . .
7. Zu "Finanz". . .
8. Zu "Kontrolle". . .

C Neue Wörter und Ausdrücke

1. Wie nennt man die Länder, die nicht Ihr Land sind? → Man nennt sie zusammen das Ausland.
2. Wie nennt man es, wenn mehrere Nationen zusammenarbeiten?
3. Wie nennt man Länder, wo die meisten Leute Deutsch sprechen?
4. Wie nennt man die Länder in der Mitte Europas zusammen?
5. Und wie nennt man dann die Länder in der Mitte Amerikas zusammen?
6. Wie nennt man ein großes Wasser mitten im Land?
7. Was ist der offizielle Name Westdeutschlands?

D Fragen zum Text

1. Was darf man, wenn man aus einem fremden Land zurückkommt?
2. Wo liegt der Bodensee?
3. Welcher Teil des Sees ist sozusagen international?
4. Was verkauft der clevere Mann alles?
5. Was tun die "Touristen"?
6. Was tut die Polizei dagegen?
7. Was ist sicher?

6

Sommerstatistik

24 von 62 Millionen Westdeutschen fahren in diesem
Jahr in Urlaub,° also rund zwei Fünftel.°

Ferien / ²/₅

Wie fahren sie?

Bahn

58% mit ihrem Wagen
23% mit der Bahn°
11% mit dem Jet
 5% mit dem Charterbus

Wo sind sie am liebsten?

46 Prozent wünschen sich nur Sonne,
Sonne, Sonne.

Zwei Prozent wollen nur Städte sehen.

Jeder dritte° liebt Berge.　　33%

56 Prozent suchen
das Meer.°　　　　Ozean

Ohne See oder Fluß° halten es neun
Prozent im Urlaub nicht aus.°

Rhein, Nil, Mississippi usw.
halten es nicht aus = können nicht
leben

Wohin fahren sie?

43% bleiben in der Bundesrepublik
 2% fahren in die Deutsche Demokratische
       Republik
15% fahren nach Österreich
 4% nach Jugoslawien
 9% nach Italien
 7% nach Spanien
15% ins übrige° Westeuropa   andere
 3% nach Osteuropa

Nur 400.000 fahren nach
Afrika oder Amerika.

Wann fahren sie?

Mai und Juni	19%
Juli und August	57%
September	10%

Wie wohnen sie?

24% im Hotel
23% in einer Pension°
16% bei Freunden oder Verwandten
15% bei einer fremden Familie, "privat"
 7% im Zelt° oder Wohnwagen
 5% zahlen für ein kleines Ferienhaus

kleines Hotel, halb-privat, mit
Essen nur für Bettgäste

Zelt

37% fotografieren und filmen im Urlaub.

Fast eine Million Touristen wollen etwas lernen.

Wer organisiert die Urlaubsfahrt?

66% planen alles selbst
13% suchen Hilfe beim Reisebüro°   **reisen** = fahren
15% nehmen den Plan einer großen
Organisation für Touristik

Wieviel Geld geben sie aus (1974)?

DM	– 500	39%
DM	500– 700	23%
DM	700– 900	14%
DM	900–1.100	10%
DM	1.100–1.500	4%
	noch mehr	6%

Kommen Sie gesund wieder!

[255 Wörter]
Nach einem Artikel in der *Zeit*

Übung und Besprechung

A Wie lange halten Sie es aus? (Mögliche Antworten stehen unten.)

1. Ohne Ferien halte ich es nur zwei Jahre aus.
2. ohne Fernsehen
3. ohne Zigarette
4. allein
5. mit meinen Eltern
6. in der Sauna
7. ohne meinen Freund (meine Freundin)
8. zu Hause

nicht einen Tag   keinen Abend   vielleicht eine Woche   nicht lange
eine halbe Stunde   nicht länger als fünf Minuten   stundenlang
jahrelang   tagelang

B Die Leute fahren **nach** Italien, Amerika, Spanien, Afrika, Australien, Schweden, Österreich

oder

in die Türkei, Schweiz, Tschechoslowakei, Deutsche Demokratische Republik, Vereinigten Staaten. Bei einem Adjektiv heißt es immer "**in**":

1. Sie fahren nach Italien — ins südliche Italien.
2. Sie fahren nach Afrika — ins tropische . . .
3. exotisch
4. wild
5. nördlich
6. unbekannt
7. teuer
8. arm
9. schön

C Was tun Sie am liebsten?

1. am Wochenende
2. in den Ferien
3. in der Stadt
4. nach dem Abendessen
5. mit Ihren Freunden
6. zu Hause
7. nach dem Essen
8. an Weihnachten
9. am Sonntagmorgen
10. wenn es heiß ist

D Eine große Aufgabe

Planen Sie einen Urlaub für sich und zwei Freunde!

7 Störche°

Storch

Um ein Uhr nachts ist Polizeistunde; danach bekommt man nichts mehr zu trinken. Nach der Polizeistunde sitzt der Kellner° Josef noch bei ein paar späten Gästen. Man kennt sich und will noch ein wenig reden.

Er bringt im Restaurant Essen und Trinken

Da klopft° es energisch an die Tür. Josef ist sicher, daß er nichts mehr verkaufen darf, aber er muß doch wissen, wer da klopft und was der will.

mit den Fingern hart an die Tür, wenn man herein will

Durch das Fenster ist niemand zu sehen, aber es klopft schon wieder. Josef macht die Tür auf — und herein kommt ein Storch, geht durch das ganze Lokal° bis zur Bar und bleibt vor den Delikatessen stehen, die da unter Glas zu sehen sind.

Ort, wo man trinkt und ißt: Wirtshaus, Bar, Restaurant usw.

Bier oder Wein will er also nicht, und der Kellner geht und bringt ihm Fisch. Das gefällt dem Storch, und Josef muß ein zweites Mal gehen.

Die Gäste wundern sich, und dann erinnert sich jemand: Vor ein paar Jahren hat ein Mann in der nächsten Stadt einen jungen Storch gefunden und behalten. Dieser Mann hat ein Lokal, und daher kennt der Storch sich an der Bar aus.°

kennt . . . sich . . . aus: kennt alle Wege, wie zu Hause

Josef geht zum Telefon und ruft den Mann an, und bald ist der schwarz-weiß-rote Gast auf dem Weg nach Hause, diesmal im Auto.

Warum interessiert man sich für solche kleinen Geschichten? Der Storch gehört zur Kulturtradition, zum Landleben unserer Väter. Früher sagte man, er bringt die Kinder. Wenn heute Touristen auf dem Land einen Storch sehen, freuen sie sich darüber mehr als über eine siebenhundertjährige Kirche.°

Kirche

Die meisten Leute kennen den Storch nur aus Büchern und von Postkarten, denn es gibt ihn nicht mehr oft. In Mitteleuropa leben zu viele Menschen und daher immer weniger Störche. So wird das Tier zum sentimentalen Mythos.

Jetzt bringt schon der Mensch dem Storch die Kinder:

Ein Storchenpaar hatte dieses Jahr keine Jungen. Naturfreunde brachten aus dem Zoo drei junge Störche und setzten sie ins Nest. Zuerst attackierten die Alten die neuen Kinder. Nach ein paar Stunden wurden sie freundlicher, und endlich gaben sie ihnen kleine Tiere zu fressen.°

Menschen essen, aber Tiere fressen

Diese Adoption war ein Experiment. Nach dem positiven Resultat will man es nächstes Jahr mit anderen Tieren wiederholen. Sentimentalität hat ihre guten Seiten.

[352 Wörter]
Nach Artikeln in *Bunte Illustrierte* und *Stern*

Übung und Besprechung

A Wo man sich auskennen muß:

1. Ein Mathematiklehrer muß sich in der Geometrie auskennen.
2. ein Geographielehrer
3. eine Politikerin
4. eine Taxifahrerin
5. eine Ärztin
6. ein Bankräuber
7. eine gute Journalistin

in der

Sprache   Politik   Stadt   Medizin   Geographie   Bank

B Wofür man sich interessiert:

1. Haben Sie Interesse an solchen kleinen Geschichten? → Nein, ich interessiere mich nicht für solche kleinen Geschichten.
2. Haben Sie Interesse an Ihrem Horoskop? → Ja (oder nein), . . .
3. Haben Sie Interesse an Joga?
4. Haben Sie Interesse an dieser Wohnung?

5. Haben Sie Interesse an einem Gebrauchtwagen?
6. Haben Sie Interesse an diesem Buch?
7. Haben Sie Interesse an Politik?

C Freuen Sie sich darauf oder darüber?

1. Heute ist der letzte Arbeitstag. → Jedermann freut sich darüber.
2. Morgen ist der erste Urlaubstag. → Jedermann freut sich darauf.
3. Wir sehen uns morgen abend. → Ich freue mich . . .
4. Heute ist das Wetter wärmer.
5. Manchmal sehen Touristen einen Storch.
6. Ich bin müde und denke an mein Bett.
7. Dieser schlechte Mensch sieht es gerne, wenn es anderen nicht gut geht.
8. Er denkt schon jetzt voll Hunger ans Abendessen.
9. Meine Eltern haben das Haus gut verkauft.
10. Wir wollen heiraten, am liebsten schon morgen.

D Wie viele dieser Wörter können Sie erklären?

1. der Schulfreund
2. der Musikfreund
3. der Naturfreund
4. der Tierfreund
5. der Fußballfreund
6. der Duzfreund (duzen)

E Fragen zum Text

1. Was ist das: Polizeistunde?
2. Was hören Josef und die Gäste?
3. Es ist nach der Polizeistunde. Warum macht Josef trotzdem die Tür auf?
4. Was tut der Storch, der durch die Tür kommt?
5. Woher kennt der Storch sich an einer Bar aus?
6. Wie kommt der Storch nach Hause?
7. Warum interessiert man sich für solche kleinen Geschichten?
8. Warum kennen die meisten Menschen den Storch nur aus Büchern?
9. Wie haben Naturfreunde den Störchen geholfen?
10. Wie haben die alten Störche darauf reagiert?

F Eine ganz große Aufgabe

Beim Frühstück am nächsten Morgen erzählt Josef die Geschichte seiner Frau.
Schreiben Sie auf, was er sagt!

8 Die Leute vom Jahrmarkt°

Festplatz mit Karussell und anderen Attraktionen

Wie leben sie? Sind sie asozial oder Menschen zweiter Klasse? Sind sie Nomaden auf der Suche nach einem romantischen Leben? Der Mann von der Gespensterbahn° sagt: "Es gibt keinen härteren Beruf. Keinen!" Er redet von seiner Arbeit:

dunkles Haus auf dem Jahrmarkt, in dem man an Gespenstern vorbeifährt

"Unsere Gespensterbahn ist die älteste in Deutschland. Aber die Gespenster leben nur ein Jahr. Warum? Die Leute werfen Eier, Gläser, Flaschen.° Die Gespenster sind aus Polyester, die gehen dann kaputt.

Eier, Glas, Flasche

"Alle halbe Stunde mache ich meine Inspektion. Da bekomme ich manchmal von so einem Idioten eine Flasche an den Kopf. Einmal hat einer mit einer Pistole auf mich geschossen. Da habe ich zurückgeschossen, mit der Faust.°

geschlossene Hand

"Elf Effekte hat unsere Bahn. Ich konstruiere die alle selber. Der Effekt, wo das Gespenst das Herz° aus dem Toten zieht? Gut, nicht? Aber ganz einfach. Man sieht es nur eine Sekunde, darum sieht es so echt° aus. Einen Effekt mußten wir herausnehmen: Da haben Kannibalen einen nackten° Mann gekocht. Das war zu stark, das ging nicht."°

Herz

richtig, wahr, wirklich

ohne Kleider

ging nicht = war unmöglich

29

Die Schlangentänzerin°: "Ich bin jetzt fünfzig. Ich mache alles. Wie ich jünger war, Bar und Striptease. Die Figur dafür habe ich heute noch. Heute mache ich die Schlangennummer° und anderes. In Berlin hat mich die Anakonda gebissen. Die Leute haben applaudiert; die haben gemeint°, das gehört zu der Nummer.

"Meine Wohnung im Wagen ist klein: viereinhalb Quadratmeter. Die zwei Aras° schlafen bei mir im Bett. Vor Luxemburg waren wir drei Tage auf der Eisenbahn. Im Sommer ist das nicht schön. Die Temperatur im Wagen ist zu hoch, ich habe nur ein Fenster, ganz oben, ich kann nicht raus, und dann keine Elektrizität! Die Butter läuft weg. Da lege ich mich hin und hoffe, daß ich nicht verrückt° werde.

"Aber die Wohnung habe ich frei, und im Monat bekomme ich fünfzehnhundert Mark."

Schlange

Nummer = Zahl

meinen = denken

Ara = Makao; großer Vogel aus Südamerika

nicht normal im Kopf

30

Mäuseschlucker

Über Harry den Mäuseschlucker°: "Ohne Harry geht es nicht. Der ist jetzt fünfundzwanzig Jahre bei unserer Familie. Jetzt muß er ein bißchen langsam machen, nach seiner Herzattacke. Aber ich helfe ihm und halte ihn ein bißchen fest° bei der Arbeit.

"So eine Nummer gibt es nicht noch einmal. Harry schluckt lebendige° Mäuse und bringt sie wieder herauf. Den Mäusen kann nichts passieren, Harry hat ja keine Zähne mehr. Aber manchmal beißt sich eine Maus in Harrys Magen fest. Die kommt dann nicht wieder herauf."

festhalten = am Arm halten, damit er nicht fällt

lebendig = nicht tot

Der Steilwandfahrer°: "Mein Motorrad ist eine BMW von 1953, sie hat fünfhundert Kubikzentimeter. An der Wand fährt die BMW bis zu hundertzehn Kilometer. Die Wand hat einen Radius von vier Meter neunzig. Fünfundsechzig Kilometer muß ich fahren, nicht weniger, sonst° falle ich herunter. Bis man das gelernt hat! Überall war ich blau und grün am Anfang.

"Ich bin achtzehn, mein Vater fünfundsechzig. Arbeiten kann er nicht mehr. Dreihundertfünfzig Leute gehen in das Haus. Meistens ist es voll, denn eine solche Nummer gibt es heute kaum noch."

steil (*hier*) = vertikal
Steilwandfahrer

oder

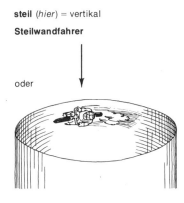

Der Wurstverkäufer: "Ich sage: wenn ein Wohnwagen, dann ein richtiger! Hier die Lampe: fünfeinhalbtausend Mark. Im Badezimmer ist überall echtes Gold drauf. Mit Klimaanlage° und moderner Küche hat der ganze Wagen hundertachtzigtausend Mark gekostet. Aber in zwei Jahren verkaufe ich ihn. Ich will einen neuen, ohne Kinderzimmer und mit rundem Bad. Ganz große Klasse!

"In Hamburg verkaufe ich nur Pferdewürste. Die kommen direkt aus Polen. Der Verkauf läuft nicht schlecht: zehntausend Würstchen am Tag. Es will nicht in meinen Kopf, was die Leute alles fressen!"

Apparat, der die Luft kühlt

[550 Wörter]
Nach einem Artikel im *Stern*

Übung und Besprechung

A Können Sie das anders sagen?

1. bei mir im Bett → in meinem Bett
2. bei uns zu Haus → in . . .
3. Sie legt es mir in die Hand.
4. Er trägt es uns ins Auto.
5. Er sieht ihr tief in die Augen.
6. Der Kellner sagt es ihr ins Ohr.
7. den Störchen ins Nest

B Können Sie das auch in der anderen Richtung?

1. in meinem Bett → bei mir im Bett
2. in unserem Haus oder unserer Wohnung → bei . . .
3. . . .

C Das Verb "gehen" hat viele Bedeutungen. Können Sie einige davon identifizieren? (Manche Beispiele haben eine Vorsilbe.)

1. Die Uhr geht.
2. Er geht schnell fort.
3. Das geht nicht.
4. 350 Leute gehen in das Haus.
5. Das geht Sie nichts an!
6. Die Uhr geht vor.
7. Die Würstchen gehen weg.
8. Sie gehen nach Australien.

Mögliche Alternativen sind:

passen	funktionieren	möglich sein	einen Ort zu Fuß verlassen
umziehen	sich verkaufen	jemandes Sache sein	zu schnell laufen

D Wir erwarten eine emphatische Reaktion auf jede Frage.

1. Ist das ein harter Beruf? → Es gibt keinen härteren; das ist der härteste!
2. Ist dein Vater ein guter Koch? → Es gibt . . .
3. Ist die Gespensterbahn wirklich alt?
4. Ist der Mt. Everest ein hoher Berg?
5. Ist das wirklich ein so dummer Gedanke?
6. Ist Washington eine schöne oder eine häßliche Stadt?

E Können Sie diese Wörter definieren oder gebrauchen?

1. fressen
2. verrückt
3. langsam
4. Nomade
5. Kannibale
6. Faust
7. Anakonda
8. Badezimmer
9. Pferdewurst

F Fragen zu dem Mann von der Gespensterbahn

1. Wer konstruiert die Effekte?
2. Aus was für einem Material sind die Gespenster?
3. Warum leben die Gespenster nur ein Jahr?
4. Was passiert dem Mann manchmal bei seiner Inspektion?
5. Was ist ihm einmal passiert, und wie hat er darauf reagiert?
6. Welchen Effekt nennt er einfach, aber gut?
7. Welchen Effekt mußte er herausnehmen?
8. Warum?

G Fragen zur Schlangentänzerin

1. Wie verdient die Schlangentänzerin ihr Geld?
2. Wie hat sie es früher verdient?
3. Was ist ihr in Berlin passiert?
4. Wo, wie groß und wie teuer ist ihre Wohnung?
5. Warum ist es nicht schön, wenn der Wohnwagen im Sommer auf der Eisenbahn transportiert wird?
6. Was tut die Frau, wenn es so heiß ist?

H Fragen zu Harry dem Mäuseschlucker

1. Beschreiben Sie Harrys Nummer!
2. Wie wichtig ist Harrys Nummer für die Familie, mit der er zusammenarbeitet?
3. Was wissen wir von Harrys Gesundheit?
4. Wie hilft ihm sein Kollege?
5. Warum kann den Mäusen meistens nichts passieren?
6. Was passiert trotzdem manchmal?

I Fragen zum Steilwandfahrer

1. Was wissen Sie über das Motorrad?
2. Was hat der junge Mann für einen "Arbeitsplatz"?
3. Wie schnell muß er fahren, und warum?
4. Wie sah er aus, bevor er das konnte?
5. Was sagt er von seinem Vater?
6. Was wissen wir über das Haus und das Publikum?

J Fragen zum Wurstverkäufer

1. Was wissen Sie von dem Wagen des Wurstverkäufers?
2. Warum will er ihn verkaufen?
3. Wie verdient er das viele Geld?
4. Was sagt er von den Leuten?

K Ganz große Aufgaben

1. Ein Kind ist auf dem Jahrmarkt gewesen. Jetzt erzählt es, was es gesehen hat.
2. Ein Reporter interviewt den Eismann und den Mann mit dem Bierzelt.
3. Harry erzählt.

Liebes- und
Heiratswünsche

Wo ist das kleine, schlanke,° intelligente Mädchen, natürlich, humorvoll, vielleicht noch romantisch und mit Liebe für das Schöne und Interessante des Lebens, das ich suche? Ich bin Mechaniker, 24 Jahre alt und 1,65 m groß, schlank und schwarzhaarig. Ich liebe Musik, aber leider° tanze ich nicht.

schlank = nicht dick

es tut mir leid; unglücklicherweise

35

Ich suche ein nettes, intelligentes und charakterfestes Mädchen. Charakter soll für sie wichtiger sein als Aussehen.° Ich bin 21 Jahre alt und 1,88 m groß, dunkelhaarig und schlank. Schicken Sie, wenn möglich, ein Foto; Sie bekommen es garantiert zurück.

Suche intelligenten Vater für meine zukünftigen Kinder. Er soll groß, sportlich und älter als 24 Jahre sein.

Drei Seeleute,° 22, suchen drei hübsche, charakterfeste Mädchen. Heirat nicht ausgeschlossen.°

Zwei Studentinnen (21 und 23) mit Brille° suchen zwei nette Herren, möglichst aus Berlin. Briefe mit Foto beantworten wir garantiert.

° moralische Aspekte wichtiger als visuelle

° sie arbeiten auf einem Schiff

° unmöglich

° Augengläser

In diesem Sommer möchte ich mein Leben ändern.° Suche linksorientierte Partnerin. Bin 31 und 1,70. Soziologe, viele Bücher um mich, aber nicht ohne Interesse für Musik.

anders machen

35jährige Berlinerin, nicht dumm, nicht bös,° nicht unattraktiv, findet allein nicht den Weg aus unglücklicher Bindung. Wer hilft mir? Vielleicht kann man sich zusammen aus der Misere ziehen.

ungut; unfreundlich

Lehrer, Stuttgart, 34, sucht Partnerin für Ferien und später.

Jugendliche, charmante Witwe,° Anfang der fünfziger Jahre, attraktiv, mit fröhlichem, unkompliziertem Charakter, sucht Partner von 45–55 Jahren, mit sicherem Einkommen, Witwer oder geschieden,° vielleicht mit Kind. Ich bitte um Brief mit Telefonnummer und Foto.

Der Mann dieser Frau ist tot

nicht mehr verheiratet

Solider° Bäcker sucht gesunde, solide Frau mit Bäckerei, aber nur über 70 Jahre. Er will Bäckereien zusammenlegen° und vielleicht heiraten.

mit solidem Charakter

kombinieren

33jähriger Gärtner,° reformiert,° mit Auto, sucht einfaches Mädchen, auch mit Kind, zur Heirat und zur Hilfe in der Gärtnerei.

Arbeiter im Garten / Calvinist

Sportlicher Zahnarzt° (29/1,79) in guter Position, nordischer Typ, schlank, wünscht sich ein schlankes, attraktives Schweizer Mädchen, mit dem man gut reden kann, das Humor hat und ein wenig Selbstironie. Was er liebt, ist die Natur — keine lauten Parties — Sport, Musik und Reisen. Wer möchte das Leben mit ihm in Harmonie teilen?

Zahnarzt

Mögen Sie Mozart, haben Sie nichts gegen Lehrer, sind Sie Mitte 20°? Schreiben Sie mir!

Mitte 20 = rund 25

Lehrer, geschieden, 36/1,80/90,° phlegmatisch, sucht Partnerin, auch geschieden oder verwitwet, muß nicht schlank sein. Er liebt: Liebe, Biologie, Geographie, Gitarre, Keramik, Puppentheater, Tanz und Wandern. Möchte heiraten.

90 = 90 kg

Amerikanerin in Berlin, 30/1,65/53, studiert, geschieden, attraktiv, kritisch, sensibel,° sucht warmherzigen, intelligenten Partner.

mit feinem Gefühl; sensitiv

Unconventional diplomat, im Ausland, nicht sehr bürokratisch, vielseitig interessiert, 37/1,80/73, sieht gut aus. Will nach einigen geographischen und sentimentalen Wanderungen endlich eine nette Dame heiraten (23–34), die intelligent, natürlich, kultiviert, ohne große Komplexe° und nicht überemanzipiert ist. Last but not least, die Dame soll auch hübsch sein. Will ich zuviel? Wenn nicht, *bitte* schreiben Sie mir (Diskretion garantiert) mit Foto (zurück).

Inferioritäts-, Ödipus-, Elektrakomplex . . .

Go ahead! Kannst Du 3–4 Wochen in Jeans leben, in einem fremden Land, die Zivilisation auf Zahnbürste° und Makeup-Spiegel° reduzieren, den Humor behalten und etwas Turbulenz riskieren? Möchtest Du einmal Ferien mit einem kleinen zweisitzigen Sportflugzeug° machen und ohne großes Programm dahin fliegen, wo es warm ist und man Rotwein trinken kann? Dein Pilot ist 1,90 lang, 35 Jahre alt und sucht Heirat oder andere Bindung.

Zahnbürste und Makeup-Spiegel

Sportflugzeug

32jähriger Österreicher, Nichtraucher und Nichttrinker, möchte auf diesem Wege ein einfaches, nettes Mädchen zum Heiraten kennenlernen. Hobbies: Skifahren, Musik, Wandern und anderes.

Pensionärin sucht Kameraden mit Interesse für Hunde, bis 70 Jahre. Wohnung und Garten nicht weit von Berlin.

[554 Wörter]
Aus den Zeitungen mehrerer Länder

Übung und Besprechung

A Adjektive, zweiteilig

1. Was ist das, ein dunkelhaariger Mensch? → Das ist ein Mensch mit dunklen Haaren.
2. Was ist das, ein schwarzhaariger Mensch?
3. ein blauäugiger junger Mann
4. eine einäugige Kamera (zum Beispiel eine einäugige Spiegelreflexkamera)
5. ein langohriges Tier (zum Beispiel ein Esel)
6. ein kurzbeiniger Hund (zum Beispiel ein Dachshund)
7. ein zweisitziges Sportflugzeug
8. ein viertüriger Wagen
9. ein vielseitiges Problem
10. eine zehnklassige Schule
11. eine fünfzigjährige jugendliche Dame
12. ein dreisprachiges Lexikon
13. ein zweiteiliger Badeanzug (ein Bikini)

B Können Sie diese Wörter auf deutsch erklären?

1. Seemann
2. Studentin
3. Witwer
4. Party
5. Nichttrinker
6. Lehrerin

C Was tun diese Menschen?

Gärtner(in) / Bäcker(in) / Schuhmacher(in) oder Schuster(in) / Elektriker(in) / Metzger(in) oder Fleischer(in) / Astrologe (Astrologin) / Glaser(in) / Dachdecker(in) / Tischler(in) oder Schreiner(in). Für Frauen sind viele solche Berufe neu — und also auch die Wörter.

1. Arbeitet in einer Gärtnerei.
2. Macht und repariert Schuhe.
3. Macht Wurst, verkauft Wurst, Fleisch usw.
4. Macht Türen und Tische oder andere Möbel.
5. Stellt Horoskope.
6. Repariert Fenster und Spiegel.
7. Deckt die Dächer von Häusern.
8. Backt Brot, Brötchen und Kuchen.
9. Repariert Lampen, elektrische Apparate, elektrische Systeme usw.

D Das eine ist nicht das andere.

1. Das Richtige ist nicht falsch, und das Falsche ist nicht richtig.
2. Das Häßliche ist nicht schön, und das . . .
3. Ein Gesunder ist nicht krank, und ein . . .
4. Eine Junge ist nicht alt, und eine . . .
5. Etwas Heißes ist nicht kalt, und etwas . . .
6. Ein Schlanker ist nicht dick.
7. Das Teure ist nicht billig.
8. Das Leise ist nicht laut.
9. Etwas Großes ist nicht klein.
10. Etwas Gutes ist nicht schlecht.

E In jeden Satz gehört eines dieser Wörter:
überemanzipiert / übervoll / übernervös / übergenau / überlaut

1. Die Musik war viel zu laut, und schön war sie auch nicht.
2. Mein Chef, dieser Perfektionist, ist in allem viel zu genau.
3. Die Kirche war voll bis auf den letzten Platz, und ich weiß nicht, warum.
4. Solche Hunde mag ich nicht; die sind zu nervös.
5. Dieser Mensch will ein einfaches Mädchen vom Land; er sagt, die jungen Damen aus der Stadt sind alle mehr emanzipiert, als gut ist.

F Große Aufgaben und Spiele

1. Schreiben Sie einen positiven Antwortbrief auf eine der Annoncen!
2. Schreiben Sie eine Annonce für sich selber!
3. Schreiben Sie eine Annonce für Ihre Tante oder für eine Dame, die Ihre Tante sein könnte! (Oder für einen Onkel!)
4. Zwei Menschen haben sich durch die Zeitung gefunden; jetzt reden sie zum erstenmal miteinander.
5. Wie sagt man einem Briefschreiber, daß man ihn *nicht* will?

10

Jugendobjekt Erdgas°

Naturgas aus der Erde

Jugendobjekt nennt man in der Deutschen Demokratischen Republik ein Projekt, an dem junge Menschen im Kollektiv arbeiten, unter der Führung der FDJ.° Ein Jugendobjekt soll das Interesse an einer spezifischen Aufgabe und an der sozialistischen Zusammenarbeit wecken,° und man erwartet von der Jugend auch hohe Produktivität. Zu dem Charakter eines solchen Projektes gehört immer, daß es Neues bringt, ein Stück Zukunft. Keine Routinearbeit also.

FDJ = Freie Deutsche Jugend (staatliche Jugendorganisation)

wachmachen; hervorbringen

41

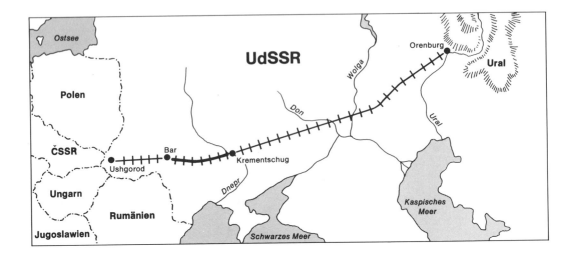

Manchmal ist ein Jugendobjekt der erste Arbeitsplatz für junge Menschen, die mit der Schule oder dem Studium fertig sind und noch keine Familie haben.

Die meisten der dreißig- bis vierzigtausend Jugendobjekte sind klein. Aber es gibt auch große, bei denen im Sommer die Schüler und Studenten von weither zusammenkommen.

Manchmal leben die jungen Leute da wie Pioniere, vielleicht etwas primitiv, aber oft voll Freude. Ältere Arbeiter sind für so ein Projekt nicht ganz so leicht zu finden.

In diesen Monaten beginnt das größte Jugendobjekt. Es ist auf drei Jahre geplant. Die Jugend der DDR baut gemeinsam mit Gruppen aus der Sowjetunion und anderen socialistischen Ländern an einer gigantischen Erdgasleitung° durch die UdSSR. Die Leitung läuft vom Ural bis zur Tschechoslowakei. Die jungen Deutschen arbeiten in der Ukrainischen Sozialistischen Sowjetrepublik. Sie bauen das Stück von Krementschug bis Bar, 550 Kilometer lang (Landkarte auf dieser Seite).

° Pipeline

[210 Wörter]
Zum Teil nach Artikeln in *Visite*

Übung und Besprechung

A Was dazugehört:

1. Kein richtiger Cowboy ohne Pferd! → Zu einem richtigen Cowboy gehört ein Pferd.
2. Keine richtige Villa ohne Schwimmbad!
3. Kein gutes Essen ohne ein Glas Wein!
4. Kein deutsches Essen ohne Kartoffeln! (fast)
5. Keine Weihnachten ohne einen Weihnachtsbaum! → Zu richtigen Weihnachten . . .
6. Keine Party ohne Musik!
7. Keine Rose ohne Dornen!

B Was für Arbeit gibt es? Können Sie die Wörter gebrauchen?

1. Routinearbeit
2. Zusammenarbeit
3. Reparaturarbeit
4. Nachtarbeit
5. Schreibarbeit
6. Schwerarbeit
7. Hausarbeit
8. Vorbereitungsarbeit

C Können Sie auch diese Wörter erklären oder in einem Satz gebrauchen?

1. Sommer
2. Monat
3. Zukunft
4. fertig
5. gigantisch
6. beginnen
7. DDR
8. FDJ

D Fragen zum Text

1. Was ist ein Jugendobjekt?
2. Wozu soll diese Arbeitsform gut sein?
3. Was ist typisch für den Charakter eines solchen Projekts?
4. Was für Menschen arbeiten an einem solchen Projekt?
5. An manchen Jugendobjekten arbeiten kaum mehr als zehn Leute. Sind alle Jugendobjekte so klein?
6. Wie lange soll das größte Jugendobjekt dauern?
7. Beschreiben Sie dieses Objekt!
8. Aus welchen Ländern kommen die jungen Leute?

Familiensportfest 11

Das große Sportfest des zweiten Schuljahres kann beginnen, die Siebenjährigen wollen nicht länger warten. Heute soll sich zeigen, welche der drei Parallelklassen die beste ist: 2a, 2b oder 2c.

Die Sportler sehen aber nicht alle wie Siebenjährige aus. Die meisten sind über zwanzig und einige sogar über vierzig Jahre alt! Denn heute ist Familiensportfest, und die Eltern° der Schüler nehmen auch teil.°

Am Anfang finden einige der Großen es etwas komisch, in Sportkleidung neben den Kindern zu stehen. Aber beim Turnen° geht der Puls bald schneller und bringt die Menschen zueinander.

Mutter und Vater

teilnehmen = partizipieren

Gymnastik und Ähnliches

44

Nach dem Turnen kommen die drei wichtigen Sportarten° für diesen Tag. Sie heißen Rumpftiefbeuge, Rumpfheben und Dreierhop.

Art = Typ; Disziplin

Bei der Rumpftiefbeuge steht man auf einem Stuhl, mit geraden Beinen, und bringt die Finger hinunter bis zu den Füßen — und dann an den Füßen vorbei weiter nach unten. Der Turnlehrer kann es am besten; sein Rekord steht bei fünfundzwanzig Zentimetern unter den Füßen.

Für das Rumpfheben legt man sich hin, mit dem Gesicht nach unten, und legt die Hände hinter den Kopf. Ein Partner hält die Füße fest, und dann bringt man den Kopf so hoch, wie man kann. Dreißigmal sollen Sie das können, ohne Pause!

Beim Dreierhop steht man zuerst auf beiden Beinen still. Dann springt man nach vorne, auf *ein* Bein, und dann nochmal nach vorne, auf dasselbe Bein, und dann noch ein drittes Mal, auf beide Beine. Wie weit können Sie so springen? Weiter als Ihre Tochter?

Gesucht ist bei diesem Sportfest nicht der beste Sportler, sondern die sportlichste Familie. Drei Kategorien gibt es: Kind mit zwei Eltern, Kind mit einem Elternteil und auch eine Kategorie für Kinder, die alleine gekommen sind.

Damit viele Eltern mitmachen, gibt es auch einen Preis für die Klasse, die die meisten Eltern mitgebracht hat.

Zum Schluß laufen alle eine Viertelstunde durch die frische Luft. Das tut gut.°

danach fühlt man sich gut

Nachher sagen sie, daß man sich an diesem Tag neu und besser kennengelernt hat: Eltern und Kinder, Eltern und Lehrer und die Eltern untereinander. Viele wollen das Sportfest bald wiederholen, und überhaupt ist das Interesse am Sport jetzt größer als vorher. Das war so geplant, denn dieses Fest war Teil der großen Volkssportkampagne der DDR.

Welche der Parallelklassen gewonnen hat, habe ich vergessen. Es war wohl die 2c.

[374 Wörter]
Nach einem Artikel von Gunter Teske in *Für Dich*

Übung und Besprechung

A Nach hier oder nach dort?

1. Trägt man Blumen mit den Köpfen nach oben oder nach unten, wenn man durch die Stadt geht?
2. Und wie übergibt man Blumen? Mit den Köpfen nach unten oder nach oben?
3. Hält man beim Reiten die Schuhspitzen nach innen oder nach außen?
4. Stehen beim Elefanten die Spitzen der Zähne nach vorne oder nach hinten?
5. Dreht sich ein Tornado nach links oder nach rechts?
6. Läuft man bei einem Tornado am besten nach drinnen oder nach draußen?

B Von hier nach dort

1. Wie schreiben die Chinesen? → Von . . .
2. Und wie schreiben wir? → Von . . .
3. Fangen Sie bei einem Buch hinten oder vorne an? → Ich lese von . . .
4. Fängt man beim Dachdecken unten an oder oben? Wie deckt man ein Dach? → Von . . .
5. Wie plant man in Detroit ein neues Automodell? Fängt man außen an — oder innen beim Motor? → Man plant von . . .

C Schule und kein Ende. Können Sie diese Wörter auf deutsch erklären?

1. das Schuljahr
2. das Schulhaus
3. der Schulbus
4. das Schulbuch
5. der Schulweg
6. die Schulaufgabe
7. die Schultasche
8. das Schulbrot
9. das Schulkind
10. die Schulferien

D Die Leute reden gern vom Volk. Können Sie auch diese Wörter erklären?

1. der Volkssport
2. das Volkslied
3. der Volkstanz
4. das Volksfest
5. der Volkswagen
6. die Volkspartei
7. die Volkspolizei (DDR)

E Was man alles machen kann. Mögliche Synonyme sind:
schließen / teilnehmen / eine Rolle spielen / imitieren / kochen / backen / schreiben / kosten / öffnen / zusehen

1. Mein Vater macht gern Omelett.
2. Mach den Mund zu!

3. Heute machen wir keine Prüfung.
4. Macht es etwas, wenn ich erst um sieben komme?
5. Mach doch mit!
6. Der Clown macht den Zirkusdirektor nach.
7. Jetzt ist es Zeit, den Champagner aufzumachen.
8. Das macht dreiundzwanzig Mark sechzig.
9. Machen Sie, daß Sie hier wegkommen!

Und hier ist ein Satz, zu dem Sie kein Synonym zu suchen brauchen:

10. Dieser kleine Junge ist erst zwei Jahre, aber er macht nicht mehr in die Hose.

F   Im Text steht es etwas anders. Wissen Sie noch, wie?

1. Das Sportfest kann *anfangen.*
2. *Ein paar* sind sogar *mehr als* vierzig Jahre alt.
3. Die Eltern *machen* auch *mit.*
4. Am Anfang finden einige es etwas *seltsam.*
5. Für das Rumpfheben legt man sich *auf den Boden.*
6. So hoch wie *möglich.*
7. Ohne *Unterbrechung* sollen Sie das können.
8. Dann springt man *vorwärts.*
9. *So daß* viele Eltern mitmachen, . . .
10. Alle laufen am Ende *fünfzehn Minuten* durch die frische Luft.

G   Große Fragen zum Text

1. Wie alt sind die Sportler, und warum?
2. Beschreiben Sie die Rumpftiefbeuge!
3. Beschreiben Sie das Rumpfheben!
4. Beschreiben Sie den Dreierhop!
5. Was für Kategorien gibt es für die Preise?
6. Wie sieht man am Schluß, daß dies ein gutes Sportfest war?

12

Die neue Brücke

Der Lotse° liest von seinem Blatt Papier: "Also noch einmal: Normal ist der Tanker 48 Meter hoch. Er liegt heute zwei Fuß tiefer, sagen Sie, also 47,40 Meter. Plus eineinhalb Meter Tide,° das macht 48,90 Meter."

Der Kapitän° sieht ihn an: "Das reicht° doch, nicht wahr?"

Er dirigiert Schiffe ins Dock

Hochwasser, zweimal am Tag

Kommandant des Schiffes / ist genug

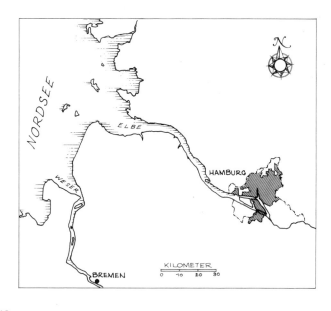

"O ja, die Brücke hat mindestens° 50 Meter, da bleibt genug   nicht weniger als
Platz."

Der Lotse sieht über seine Kaffeetasse, über das Schiff hin
zu der Brücke, die immer näher kommt. 332 Meter lang ist
der Supertanker und fast 50 Meter breit. Einen ganzen Tag
lang ist er unterwegs, die Elbe hinauf, von der Nordsee nach
Hamburg. Der Tanker ist neu, die Brücke auch, und heute
treffen sie sich zum erstenmal.

Der Bug° ist jetzt unter der Brücke. Oben stehen zwei   Nase des Schiffes
Arbeiter und winken. Da spricht der Kapitän wieder, gar nicht
laut: "Ich habe nochmal in die Pläne gesehen. Das Schiff ist
jetzt genau 50 Meter hoch!"

Der Lotse trinkt weiter Kaffee. "Das muß reichen. Die
Brücke hat doch etwas mehr als 50. Stoppen können wir nicht
mehr." Die Elbe ist nicht breit genug, und wenn der Tanker
jetzt stoppt, kollidiert er mit dem Land. Dann ist er schwerer
zu reparieren als nach einer Kollision mit der Brücke. "Die
Brücke wird ganz bleiben", meint der Lotse.

Die Arbeiter winken immer noch, jetzt ganz nahe. Nochmal
der Kapitän: "50 ist die Höhe im Salzwasser".° "Dann ist ja   Ozeanwasser
alles okay", sagt der Lotse, "dann schwimmt das Schiff hier
im Süßwasser noch einen Fuß tiefer."

Dann sind sie unter der Brücke, und es zeigt sich, daß da noch 3 Meter Platz ist, auch für die Radar-Antenne.

Es gibt Tanker, die sind noch größer. Die kommen jetzt nicht mehr ins Hamburger Dock. Warum ist die neue Brücke nicht höher?

Es war nicht möglich. Die Hamburger Planer standen vor einem Dilemma: Mehr als 4 Prozent Steigung° durfte die Brücke nicht haben, wegen der Lastwagen° — und für eine längere Brücke war links und rechts kein Platz.

In einer solchen Situation hilft ein Tunnel, doch der war den Leuten zu teuer. Daß das große Dock der Stadt Hamburg jetzt manchmal leersteht, ist aber noch teurer.

Lastwagen

4% Steigung

[355 Wörter]
Nach einem Artikel von Kai Krüger in der *Zeit*

Übung und Besprechung

A Können Sie das anders sagen?

1. Die Brücke ist *mindestens* 50 Meter hoch.
2. Der Brief kommt *frühestens* morgen.
3. *Spätestens* am Freitag können Sie die Hose abholen.
4. Er wiegt *höchstens* hundertzehn Pfund.

B Können Sie diese Wörter definieren oder in einem Satz gebrauchen?

1. Lotse
2. Kapitän
3. Bug
4. winken
5. Salzwasser
6. Süßwasser
7. teuer

C Im Text steht es etwas anders. Erinnern Sie sich, wie?

1. *Gewöhnlich* ist der Tanker 48 Meter hoch. → Normal ist der Tanker 48 Meter hoch.
2. *Anderthalb* Meter Tide.
3. Der Kapitän *blickt* ihn an.
4. Die Brücke kommt *näher und näher*.
5. Der Tanker ist *beinahe* 50 Meter breit.
6. Heute *kommen* sie zum erstenmal *zusammen*.
7. Der Kapitän *redet ziemlich leise*.
8. Das muß *genug sein*.
9. *Halten* (oder *anhalten*) können wir jetzt nicht mehr.
10. Sonst *stößt* er mit dem Land *zusammen*.
11. Die Elbe ist *zu schmal*.
12. Nach einem *Zusammenstoß* mit der Brücke.
13. Dann ist ja alles *in Ordnung*.
14. *Man sieht*, daß da noch drei Meter Platz ist.
15. Für eine längere Brücke war *auf beiden Seiten* kein Platz.
16. In einer solchen *Lage* hilft ein Tunnel.
17. Das Dock steht jetzt *ab und zu* leer.

D Fragen zum Text

1. Nennen Sie Länge, Breite und Höhe des Tankers!
2. Wieviel ist das in Fuß?
3. Ist die Brücke hoch genug? Was meint der Lotse?
4. Warum wissen der Kapitän und der Lotse das nicht genau?
5. Wo sind und was tun die zwei Arbeiter?
6. Warum kann der Tanker jetzt nicht mehr stoppen?
7. In welchem Wasser ist das Schiff höher: im Salzwasser oder im Süßwasser?
8. Paßt das Schiff schließlich unter die Brücke oder nicht?
9. Was hören wir über noch größere Tanker?
10. Warum ist die Brücke nicht höher?
11. Warum hat man in dieser Situation keinen Tunnel gebaut?
12. Was ist teurer als ein Tunnel?

Das Hamburger Gesicht **13**

"Deutschland ist anders, als man vorher denkt", sagen sie. "Es ist schön hier." Und: "Die Leute sind nicht immer freundlich, besonders nicht die Verkäufer in den Kaufhäusern." Einundzwanzig Studenten der amerikanischen Universitäten Indiana und Purdue studieren dieses Jahr in Hamburg. Jedes Jahr kommt eine solche Gruppe. Sie sprechen alle schon sehr gut deutsch, und ich frage sie nach ihren Kontakten zu Deutschen.

Zum Beispiel Randy Kopelwitz aus Evansville. Die ersten Tage im Wohnheim° waren schwer, erinnert sie sich. Niemand sprach mit ihr. Sie sah ein paar deutsche Studenten am Tisch sitzen und essen. Randy sagte: "Guten Appetit!" Keine Antwort; nur einer sagte: "Danke." Sie aßen einfach weiter. Randy ging zurück auf ihr Zimmer.

Später fragte sie einen Studenten: "Was kostet ein Brief nach Paris?" Sie dachte, dann will er sicher wissen, warum ich das nicht weiß, und dann sage ich, daß ich aus Amerika komme, und dann reden wir ein wenig.

Aber seine Antwort war kurz und präzise: "Fünfzig Pfennig." Und dann machte er den Mund noch einmal auf: "Hast du noch eine Frage?" Nein, sie hatte keine mehr und ging wieder auf ihr Zimmer.

Ein paar Tage später stand ein deutscher Student vor ihr und fragte: "Wer hat zuletzt die Zeitung gesehen?" Die Standardantwort auf so eine Frage ist im Wohnheim: "Ich nicht." Aber Randy antwortete, ganz undeutsch, mit mehreren Sätzen, und heute ist dieser Student ihr Freund. Es ist gar nicht so schwer, die Hamburger kennenzulernen, meint sie jetzt.

Einige der anderen sind noch nicht so weit. In den Wohnheimen fühlen sie sich isoliert, denn dort wohnen oft weniger Deutsche als Ausländer. Sie glauben auch, daß man sie mit der Politik der USA identifiziert und mit Watergate und CIA.

> Haus, wo viele Studenten wohnen, nicht privat

Das ist wohl richtig, aber es spielt sicher auch eine Rolle, daß Norddeutsche allgemein reserviert sind.

Schwer zu lernen ist das "Hamburger Gesicht", wie Randy es nennt, das offizielle Normalgesicht der Menschen in Hamburg: ohne Lächeln, ohne Emotion, ausdruckslos. Randy hat es mit Training versucht, vor dem Spiegel in ihrem Zimmer. Aber sie kann es nicht, sie muß immer lachen. Sie wird nie eine richtige Hamburgerin.

Bart McCormick hat einen anderen Weg gefunden. Er wohnt nicht im Wohnheim, sondern mit einem jungen deutschen Arbeiter zusammen in einer kleinen Wohnung. Sonntags geht er oft zu der Familie seines deutschen Freundes. Der Anfang ist schwer, sagen die Amerikaner, aber wenn man die Leute hier einmal kennt, sind sie die besten Freunde der Welt.

Und noch ein drittes Beispiel: Mary Fran Gilbert. Sie singt manchmal in der Bar, wo vor vielen Jahren die Beatles nachts hingingen, wenn sie mit ihrer Arbeit im Star-Club fertig waren. Mit ihrer Gitarre und ihren Liedern verdient sich Mary Fran etwas Geld — und auch Kontakt.

Wenig Geld haben sie alle. Das Leben in Hamburg ist nicht immer leicht für sie, aber sie sind gerne hier, und sie wollen wiederkommen. Und manchmal, manchmal bleibt einer ganz hier und heiratet.

[484 Wörter]
Nach einem Artikel von Benno Kroll in *Brigitte*

Übung und Besprechung

A Können Sie das Gegenteil nennen?

1. schlecht → gut
2. nie
3. jedermann
4. viel
5. zuerst
6. mehr
7. mit
8. suchen
9. selten
10. tags
11. hinter
12. häßlich
13. nachher
14. früher
15. lang
16. leicht
17. falsch
18. ausdrucksvoll
19. groß
20. Ende
21. ungern

B Welches Adjektiv paßt am besten? (Mögliche Antworten stehen weiter unten.)

1. Wie nennt man ein Gesicht ohne Ausdruck? → Ausdruckslos.
2. Wie nennt man jemanden, der nicht denkt, bevor er spricht?
3. Wie nennt man jemanden, der seine Stellung verliert und kein Geld mehr verdient?
4. Wie nennt man jemanden ohne Freunde und Bekannte?
5. Wie nennt man jemanden, der nachts nicht schlafen kann?
6. Wie nennt man etwas, das wie tot aussieht?
7. Wie nennt man jemanden, der in einer neuen Situation die Sprache nicht wiederfindet?
8. Kennen Sie ein anderes Wort für schwach oder kraftlos?

Eines von diesen Adjektiven ist wohl das richtige:

arbeitslos   sprachlos   ausdruckslos   gedankenlos   kontaktlos   leblos
energielos   schlaflos

C Können Sie diese Wörter erklären?

1. wortlos
2. planlos
3. freudlos
4. sinnlos
5. fraglos
6. gesichtslos
7. funktionslos
8. gedankenvoll
9. wertvoll
10. hoffnungsvoll

D Fragen zum Text

1. Von was für einer Gruppe ist die Rede?
2. Wonach fragt der Reporter?
3. Was sagen die Studenten über Deutschland?
4. Wie waren Randys erste Tage im Wohnheim? Warum?
5. Erzählen Sie von den Studenten, die beim Essen sitzen!
6. Wie hat Randy darauf reagiert?
7. Was hat Randy später einen anderen Studenten gefragt?
8. Warum hat sie diese Frage gestellt?
9. Was aber hat der Student getan?
10. Was war die erste Frage von Randys späterem Freund?
11. Was für eine Antwort erwartete er?
12. Wie hat Randy diesmal den Kontakt gefunden?
13. Warum fühlen sich andere in den Wohnheimen isoliert?
14. Was glauben sie?
15. Was spielt dabei sicher auch eine Rolle?
16. Was ist ein "Hamburger Gesicht"?
17. Erzählen Sie von Randys Versuch, das zu lernen!
18. Wo wohnt Bart?
19. Was tut er sonntags?
20. Können aus Hamburgern gute Freunde werden?
21. Wo singt Mary Fran?
22. Was verdient sie sich mit Liedern und Gitarre?

E Ganz große Aufgaben

1. Ein deutscher Student erzählt, wie er seine amerikanische Freundin gefunden hat.
2. Sie kommen nach Hamburg. Wie finden Sie jetzt Kontakt zu deutschen Studenten? Was tun Sie? Was sagen Sie?
3. Erzählen Sie, wie ein Student in den USA Freunde findet!

Philadelphia 14

Philadelphia liegt in der Deutschen Demokratischen Republik, sechzig Kilometer von Berlin. Mit seinen dreihundert Menschen ist es ein typisches Dorf.° Vielleicht interessiert es Sie, wie man dort lebt.

° kleiner als Stadt

56

Die meisten Leute sind Bauern.° Andere arbeiten in einer Zentrale für Agrartechnik; sie reparieren Maschinen für die Bauern des ganzen Distrikts.

Die Kleinen gehen in den Kindergarten,° für zehn Mark im Monat; so können beide Eltern arbeiten. Die Größeren besuchen wie überall in der DDR die recht gute polytechnische Schule.

Es gibt einen Sportplatz in Philadelphia und ein Schwimmbad. Bei ihrem Bau° haben viele Philadelphier mitgearbeitet, vor allem die jungen Leute vom Jugendklub.

Ein Kino hat Philadelphia nicht; das steht in der nächsten Stadt. Zum Theater fährt man nach Berlin. Der Jugendklub bringt Musikabende, Diskussionen und auch manches für die Eltern. Dann gibt es noch den Chor und die Feuerwehr.° Wer will, hat immer was zu tun.

Zweiundvierzig Bäuerinnen und Bauern arbeiten zusammen in einer LPG, das heißt, in einer landwirtschaftlichen Produktionsgenossenschaft° mit vierhundertfünfzig Hektar.° Das Land ist sandig, deshalb konzentriert die LPG sich auf Wald,° Kartoffeln und Vieh.°

Früher gehörte fast das ganze Land einem Grafen,° und die armen Leute arbeiteten für ihn. 1945 kam eine radikale Reform: man verteilte das Land an die Landarbeiter. 1958 begannen einige Bauern, die kleinen Stücke wieder zusammenzulegen. So konnte man sie besser bearbeiten.

Es war das Gleiche in der ganzen DDR, und die Zusammenlegung wurde eines der wichtigsten staatlichen Projekte. Die ersten Jahre der Zusammenarbeit waren schwer, aber heute geht es den LPG-Bauern von Philadelphia schon recht gut.

Das Dorf ist nicht sehr alt, etwas über zweihundert Jahre. Zu der Zeit durften die armen Leute nicht nach Amerika gehen; sie mußten eine Kolonie im Sand bauen, und sie gaben ihr einen Namen aus ihrem Amerikatraum.° Heute fühlen sich die Menschen glücklich in dem schönen Dorf.

[304 Wörter]
Nach einem Artikel in *Neue Heimat* (4/1973)

Bauern arbeiten auf dem Land; Landwirte

für 3–5jährige Kinder

bauen = machen

Hilfsorganisation gegen Feuer

kooperative Organisation von Bauern
1 Hektar = 100 Meter × 100 Meter

Forst; viele Bäume / Tiere des Bauern: Kühe, Schafe, Schweine
Nobilitätstitel, höher als Baron

Traum = gewünscht oder im Schlaf gesehen

57

Übung und Besprechung

A Möchten Sie dabei sein? Möchten Sie mitmachen?

1. Wir *gehen* nachher eine Tasse Kaffee trinken. Und Sie? → Ich möchte gerne *mitgehen. Oder:* Ich kann leider nicht *mitgehen.*
2. Wir *essen* jetzt zu Abend. Können Sie bleiben? → . . . *mitessen* . . .
3. Nachher *arbeiten* wir noch eine Stunde im Garten. Haben Sie Lust dazu?
4. Am Sonntag *singt* unser Chor. Sie sind doch ein guter Tenor (oder Sopran), habe ich gehört.
5. Wir *reden* über Astrologie. Interessiert Sie das?

B Sie haben es gemacht, und wer hat (oder hat nicht) **mit**gemacht?

1. Wir haben immer gerne *gesungen,* aber mein Bruder hat nie . . . Er ist einfach nicht musikalisch.
2. Ich habe lange an diesem Plan *gearbeitet,* und mein Kollege . . .
3. Im Sportflugzeug meiner Tante bin ich schon ein paarmal *geflogen,* aber meine Mutter . . .
4. Wir sind mit dem Wohnwagen in Urlaub *gefahren,* und Martin . . .
5. Alle haben wir über ihn *gelacht,* und er selber . . .
6. Wir haben den ganzen Abend über Astrologie *diskutiert,* aber der Pastor . . .

C Mit der Vorsilbe "be-" können Sie es anders sagen.

1. Er arbeitet an einem neuen Thema. → Er bearbeitet ein neues Thema.
2. Über die Fehler anderer Menschen soll man nicht lachen. → Die Fehler anderer Menschen soll man nicht . . .
3. Auf die Details müssen Sie genau achten. → Die Details . . .
4. Über seinen Charakter kann ich nicht urteilen.
5. Wir müssen auch an die Konsequenzen denken.
6. Für ihr Essen will sie nicht selber zahlen.
7. Über die neue Brücke darf man noch nicht fahren.
8. Wir wollen gleich über den Plan für morgen sprechen.

D Fragen zum Text

1. Wo liegt dieses Philadelphia?
2. Ist es ein Dorf oder eine Stadt? Wie groß ist es?
3. Wie verdienen die Leute dort ihr Geld?
4. Was tun die kleineren Kinder?
5. Und die größeren?
6. Wie hat ein so kleines Dorf Sportplatz und Schwimmbad gebaut?

58

7. Was tut der Jugendklub für das kulturelle Leben?
8. Was können die Leute noch in ihrer Freizeit tun?
9. Wie haben 42 der Bäuerinnen und Bauern ihre Arbeit organisiert?
10. Wie lebten die Bauern vor 1945?
11. Was geschah 1945?
12. Was geschah 1958, und warum?
13. Wie geht es den LPG-Bauern?
14. Wie ist dieses Dorf zu seinem Namen gekommen?

E   Ganz große Aufgaben

1. Welche historischen und geographischen Fakten über das Dorf Philadelphia sind Ihnen bekannt?
2. Was wissen Sie von der LPG und ihrer Geschichte?
3. In einer LPG arbeiten die Bauern eine bestimmte Zahl von Stunden, und dann können sie nach Hause gehen. Ist das besser oder schlechter als der Arbeitsrhythmus eines amerikanischen Farmers? Warum gibt es in den USA nicht mehr kollektive Farmen?

15

Schwalben° per Flugzeug

Schwalbe

Als der Schweizer Tierfotograf Hans Dossenbach morgens
aus seinem Haus kam, saßen in seiner Garage zweihundert
Schwalben. Die Tiere waren fast leblos,° zu schwach zum
Fliegen, und ließen sich in der Hand halten. Herr Dossenbach
wollte ihnen helfen, aber wie? Da hörte er im Haus das Telefon: Auch seine Nachbarn° fanden überall Schwalben. Sie
brachten die armen Vögel° zu ihm, und bald waren es ein
paar tausend.

Überall in der nördlichen Schweiz und im Süden der
Bundesrepublik haben Tierfreunde in diesen Tagen Schwalben
gefunden. Der Sommer ist zu Ende, die Schwalben wollen
nach Süden, aber sie können nicht über die Alpen.

Die Swissair hat jetzt eine Viertelmillion der Vögel nach
Nizza, Madrid, Barcelona, Lissabon, Malaga, Tunis und Athen
geflogen. Andere hat man mit der Bahn durch die Alpen nach
Italien gebracht.

Ornithologen und Meteorologen sahen die Schwalbenkata-

ohne Leben

Nachbar: wohnt im Haus neben
ihm
Vogel = Flugtier, wie Storch,
Ara, Kondor, Albatros

60

strophe schon vor einem Monat kommen. Denn die Temperaturen sanken schneller als in allen Jahren seit 1931. Auch 1931 blieben die Schwalben zu lange im Norden.

Jedes Jahr fliegen sie zum Winter nach Süden, wie viele andere Vögel auch, und sie haben es leichter als andere. Denn sie sind akrobatische Flieger, sie fressen Insekten im Flug und müssen also nur zum Schlafen landen. Aber ihre Energiereserven sind nicht groß. Wenn sie nicht oft fressen, können sie nicht fliegen — und wenn sie nicht fliegen, finden sie auch nichts zu fressen.

Die Insekten, von denen sie leben, fliegen nur bei Temperaturen über fünfzehn Grad Celsius. In den letzten Wochen hatten wir meistens nur acht Grad.

[252 Wörter]
Nach einem Artikel im *Stern*

61

Übung und Besprechung

A Gibt es diesen Vogel in Amerika? Als Haustier oder wild oder nur im Zoo?

1. Der Kuckuck ruft wie eine Kuckucksuhr.
2. Vom Storch sagt man, daß er die Kinder bringt.
3. Am schönsten singt die Nachtigall; sie singt oft nachts.
4. Auch die Eule hört man nachts; sie ist groß und frißt Mäuse.
5. Das Ei des Huhns ißt man zum Frühstück.
6. Der Geier frißt Kadaver.
7. Der Schwan ist groß und meistens weiß; man sagt, daß er nur einmal im Leben singt, kurz vor seinem Tod.
8. Die Taube kann Briefe transportieren.
9. Der Papagei kann Wörter nachsprechen.
10. Der Specht holt Insekten aus dem Holz von Bäumen.
11. Der Pinguin ist ein guter Schwimmer, aber fliegen kann er nicht.
12. Auch der Strauß kann nicht fliegen; er ist der größte Vogel.
13. Der kleinste Vogel ist der Kolibri; er holt sich Nektar aus Blumen.
14. Die Elster trägt Stücke von Metall und Glas in ihr Nest.
15. In vielen Ländern ist der Adler das Symbol nationaler Größe, z.B. in der Bundesrepublik und in den USA.

B Hier sind die fünfzehn Vogelnamen noch einmal. Wie viele können Sie auf deutsch erklären?

1. der Adler
2. die Elster
3. die Eule
4. der Geier
5. das Huhn
6. der Kolibri
7. der Kuckuck
8. die Nachtigall
9. der Papagei
10. der Pinguin
11. der Schwan
12. der Specht
13. der Storch
14. der Strauß
15. die Taube

C Hier sind dreißig akademische (oder nicht ganz akademische) Disziplinen. Kennen Sie noch andere? Wie viele können Sie in dreißig Sekunden nennen? Wie viele können Sie auf deutsch erklären? (Die Wörter sind alle feminin.)

1. Meteorologie
2. Geologie
3. Mathematik
4. Pädagogik
5. Astronomie
6. Astrologie

7. Ornithologie	19. Graphologie
8. Physik	20. Politologie
9. Chemie	21. Soziologie
10. Archäologie	22. Gynäkologie
11. Anthropologie	23. Theologie
12. Zoologie	24. Linguistik
13. Botanik	25. Psychologie
14. Algebra	26. Philosophie
15. Geometrie	27. Geographie
16. Numismatik	28. Ökologie
17. Gerontologie	29. Arithmetik
18. Genealogie	30. Biologie

D Für welche Disziplin interessieren Sie sich? Warum?

E Fragen zum Text

1. Was sah Hans Dossenbach eines Morgens?
2. Wieviel Leben zeigten die Schwalben?
3. Warum kamen Dossenbachs Nachbarn zu ihm?
4. In welchen Teilen Europas hat man solche Schwalben gefunden?
5. Wie sind viele der Vögel nun doch nach Süden gekommen?
6. Warum konnte man die Katastrophe schon vor einem Monat kommen sehen?
7. Wieso haben Schwalben es meistens leichter als andere Vögel?
8. Worin liegt ihre Schwäche?
9. Warum finden sie dieses Jahr nicht genug zu fressen, bevor sie über die Alpen müssen?

F Eine ganz große Aufgabe

Erklären Sie einem deutschen Kind, warum die Schwalben in manchen Jahren nicht über die Alpen kommen!

16

Möchten Sie nicht Schäfer° werden?

Er arbeitet mit Schafen

"Schäfer oder Schäferin gesucht", so stand es in einer holländischen Provinzzeitung, und über zweihundertfünfzig Leute antworteten, Männer und Frauen. Viele von ihnen kamen aus akademischen Berufen: Ärzte,° Lehrer, Professoren und Industriemanager. Ein einfaches Leben suchten sie, nahe der Natur und fern vom Streß der modernen Zivilisation, mit viel Zeit zum Philosophieren.

Arzt = Doktor der Medizin

Es ist nicht bekannt, wie viele von ihnen wirklich Schäfer geworden sind. Romantische Träume lassen sich nicht immer realisieren. In der Bundesrepublik gibt es schon lange nicht mehr genug Schäfer, vor allem keine jungen. Ein Schäfer verdient nicht sehr viel, und an ein normales Familienleben ist nicht zu denken. Denn wer monatelang mit den Schafen unterwegs ist, kann sich nicht gut an eine Frau (oder einen Mann) binden.

Im Film sieht das Nomadisieren schön aus, aber selber so ein

64

Nomade sein? Dann kann man ja z.B.° keine solchen schönen Filme mehr sehen!

In der DDR ist es anders. Da findet sich jedes Jahr die richtige Zahl von Lehrlingen,° vom Staat geplant; achtzig sollen es bald sein. In der Bundesrepublik gibt es fünfunddreißig. Die DDR hat auch zweimal so viele Schafe.

Muß man wirklich erst Lehrling werden? Was ist denn da zu lernen? Was tut ein Schäfer?

Im Winter ist es nicht viel, da sind die Schafe im Stall.° Wenn es wärmer wird, bringt der Schäfer sie in die Berge, in einem langen und langsamen Marsch.

Er steht früh auf. Vielleicht hat er einen Esel,° der ihm seine Sachen trägt. Unterwegs gehen Schäfer und Esel voran,° und alle fünfhundert bis tausend Schafe folgen. Die Hunde sehen zu, daß kein Tier zurückbleibt. Manchmal geht am Ende ein zweiter Schäfer.

zum Beispiel

ein Lehrling lernt einen nicht-akademischen Beruf

Haus für Schafe und anderes Vieh

Tier, kleiner als Pferd, mit langen Ohren
als erste, am Anfang

Von Zeit zu Zeit bleiben alle stehen; die Schafe fressen, und der Schäfer sieht zu. Er kennt alle Tiere "persönlich", und immer ist da ein krankes, dem er helfen muß. Zum Sitzen hat er keine Zeit. Oft muß er den Mutterschafen assistieren, wenn sie ein Lamm (oder zwei) zur Welt bringen.

Meistens kommt dann nach kurzer Zeit ein Bauer und schreit°: "Das ist mein Land! mein Gras! Machen Sie, daß sie weiterkommen!" So ist das: Die Schafe müssen in die Berge, und sie dürfen durch das Land, aber fressen dürfen sie nur, wenn ein Bauer nichts dagegen hat.

redet sehr laut

Also weiter, bis zum nächsten Mal, Schäfer und Esel wieder zuerst. Am Abend kommen die Schafe in einen Elektrozaun,° den der Esel getragen hat, und die Hunde legen sich davor. Der Schäfer bleibt nicht bei ihnen. Er geht in ein Gasthaus, ißt und legt sich ins Bett. Schafe zählen muß er nicht vorm Einschlafen,° sein Tag war lang.

Elektrozaun

in Schlaf fallen

Auch als Schäfer kommt man in Kontakt mit der modernen Welt. Können Sie sich z.B. denken, wie man alle Schafe über eine große Straße bringt? Der Schäfer hält die Arme hoch, und alle Autos bleiben (hoffentlich) stehen.° Die Leute freuen sich über die Schafe, aber warten wollen sie doch nicht gerne. Sie sind ja mit dem Wagen unterwegs, fort von allem, nur schnell! Warum hier stehenbleiben?

stehenbleiben = stoppen

Schaf nach Schaf läuft vor ihrem Wagen über die Straße.... Möchten Sie nicht Schäfer werden? Oder lieber weiter Auto fahren?

[516 Wörter]
Nach einem Artikel von Wolfram Runkel in der *Zeit*

Übung und Besprechung

A Was zu machen ist und was nicht

1. Träume lassen sich nicht immer realisieren. → Träume sind nicht immer zu realisieren.
2. Solche Menschen lassen sich überall fiden. → Solche Menschen sind . . .
3. Die Tür läßt sich nicht öffnen.
4. Das läßt sich verstehen.
5. So ein Text läßt sich leicht übersetzen.
6. Das läßt sich doch nicht in drei Sätzen sagen!
7. Dir läßt sich nicht helfen.

B Dinge, an die leider nicht zu denken ist

1. Ein normales Familienleben gibt es für einen Schäfer nicht. → An ein normales Familienleben ist . , ,
2. Eine Pause ist jetzt unmöglich. → An eine Pause . . .
3. Privatfinanzierung ist hier unmöglich. → An Privatfinanzierung . . .
4. Eine Verbesserung des Lebensstandards ist ausgeschlossen.
5. Ein neuer Wagen? Unmöglich!
6. Vor Mitternacht gibt es in diesem Haus keine Ruhe.

C Das darf nicht anders sein.

1. Kein Tier darf zurückbleiben. → Die Hunde sehen zu, daß kein Tier zurückbleibt.
2. Alle Schafe müssen zusammen über die Straße kommen. → Der Schäfer sieht zu, daß . . .
3. Das Motorrad muß über 65 km fahren. → Der Fahrer . . .
4. Der Jockey darf nicht mehr als 54 kg wiegen. → Der Jockey . . .
5. Es muß jedes Jahr genug Lehrlinge geben. → Der Staat . . .
6. Du mußt heute rechtzeitig zu Hause sein. → Sieh zu, . . .
7. Laß die Eier nicht fallen. → Sieh zu, . . .

D Können Sie diese Wörter erklären oder in einem Satz gebrauchen?

1. Schäferin
2. Arzt
3. Esel
4. Gasthaus
5. schreien
6. einschlafen

E Fragen zum Text

1. Was stand in der Zeitung?
2. Was für eine Reaktion gab es darauf?
3. Was suchten diese vielen Leute?
4. Warum gibt es in der Bundesrepublik nicht genug Schäfer?
5. Warum bleibt ein Schäfer am besten ohne Familie?
6. Wie ist die Situation in der DDR?
7. Was tut der Schäfer, wenn der Winter vorbei ist?
8. Geht der Schäfer am Kopf oder am Ende der Schafherde?
9. Warum muß ein Schäfer etwas von Veterinärmedizin verstehen?
10. Was schreit der Bauer?
11. Warum hat der Bauer recht?
12. Wo bleiben die Schafe über Nacht?
13. Und was tut der Schäfer abends?
14. Wie bringt man die Schafe über eine große Straße?
15. Wie reagieren die Leute in den Autos darauf?

F Ganz große Aufgaben

1. Wie lebt ein Schäferhund?
2. Die Frau eines Schäfers erzählt, wie *sie* lebt.
3. Eine Lehrerin schreibt, warum sie Schäferin werden möchte.

Das unvergessene Insekt **17**

Maikäfer, flieg!
Dein Vater ist im Krieg.
Deine Mutter ist in Pommerland,°
Pommerland ist abgebrannt.°
Maikäfer, flieg!

Pommern, früher Teil von Deutschland, heute halb in Polen
durch Feuer zerstört oder
vernichtet

Mehr als dreihundert Jahre ist dieses Lied alt. Noch immer singen es die Kinder, und sie verstehen den Text nicht. Vom Krieg können noch die Großeltern und manche Eltern erzählen, und mit Pommerland und Maikäfer ist es kaum anders. Für die Kinder sind das nur noch Geschichten.

Maikäfer, flieg!

Volksweise

Mai- kä- fer flieg! Dein Va- ter ist im Krieg.

Dein' Mut- ter ist in Pom-mer-land, Pom-mer-land ist ab- ge- brannt.

Mai- kä- fer, flieg!

Aus: Des Knaben Wunderhorn

Mai- kä- fer flieg! Dein Va- ter ist im Krieg.

Dein' Mut- ter ist in Pom- mer- land, Pom- mer- land ist ab- ge- brannt.

Mai- kä- fer flieg!

Jeder weiß, was so ein Mai-
Käfer für ein Vogel sei,°

schrieb vor hundert Jahren Wilhelm Busch in seinem Comic
Strip von den skandalösen Jungen Max und Moritz, die ihrem
guten Onkel Maikäfer ins Bett stecken. Aber erstens ist der
Maikäfer kein Vogel, sondern ein Käfer,° und zweitens
kennt ihn bei weitem nicht mehr jeder.

Also: Er ist ein hübsches Tier und sieht freundlich aus. Er
ist etwas größer als sein Vetter,° der Junikäfer, oben braun
und unten schwarz, und an der Seite zeigt er fünf charak-
teristische weiße Dreiecke.°

Er fliegt im Mai, am Abend, und er fliegt langsam und laut.
Man kann ihn daher leicht fangen — das heißt, man *konnte;*
denn heute ist er so selten,° daß man ihn im Zoo zeigt.

In der Zeit vor 1950, vor dem großen chemischen Krieg
gegen die Insekten, kamen im Mai die Käfertage, für Kinder
immer eine Sache von höchstem Interesse. Man konnte die
Käfer ins Wasser setzen oder in ein Glas, man konnte sie

ist

Insekt in der Form eines alten VW

Cousin

geometrische Figur aus drei
geraden Linien:

rar

72

zählen und verkaufen. Man konnte sie anderen Kindern in die Kleider stecken. Man konnte auch zehn bis zwanzig Käfer im Klassenzimmer fliegen lassen und damit den Lehrer nervös machen.

Die Hühner° haben sie gerne gefressen, aber dann schmeckten die Eier nach Maikäfer. Oder man konnte den Käfern nach einem komplizierten Ritual den Kopf abmachen. Kinder sind manchmal sadistisch. Für ihre Phantasie gibt es hundert gute und schlechte Möglichkeiten für Käferspiele.

Huhn = Vogel, der mein Frühstücksei legt

Aber die Maikäfer haben selber zuviel gefressen, und so hat die Agrarchemie mit DDT dem Spiel ein Ende gemacht. Heute ist der geliebte Braune ein Objekt der Nostalgie; der Sadismus ist vergessen. Die Leute reden über ihn und schreiben Briefe an die Zeitung: Unser Käfer ist nicht mehr! Man kann Imitationen kaufen, groß wie eine Hand und aus Schokolade. Die fliegen nicht, aber sie schmecken besser.

[365 Wörter]

Übung und Besprechung

A   Können Sie das Wort einsetzen, das hier fehlt?

1. Der Maikäfer gehört zur Insektenklasse der *Käfer.*
2. Hühner, Störche, Tauben usw. sind . . .
3. Eine einfache Melodie mit Text nennt man ein . . .
4. Der Sohn meines Onkels ist mein . . .
5. Der fünfte Monat des Jahres heißt . . .
6. Was man erzählt, ist eine . . .
7. Eine geometrische Figur aus drei geraden Linien ist ein . . .
8. Ich sage eins, zwei, drei, vier, fünf usw.; ich . . .
9. Der Vogel, der mein Frühstücksei legt, ist ein . . .
10. Ein Mensch, der andern gern wehtut, ist ein . . .
11. Kinder können sich viel Neues ausdenken, sie können viel erfinden; sie haben viel . . .
12. Wenn etwas sein kann, aber nicht sein muß, dann ist es . . .
13. Die Chemie, die den Bauern hilft, nennt man . . .
14. Schokolade gefällt mir; ich finde, daß sie gut . . .

B   Können Sie die Wörter in Übung A jetzt erklären?

1. Agrarchemie ist . . .
2. Mein Vetter . . .
3. . . .

C   Wonach schmeckt das? Nach Maikäfer / Schokolade / Pfefferminz / Seife / Pferd / Papier / Fisch / nichts.
Der Gast:

1. Die Eier schmecken heute nach Maikäfer!
2. Das Steak schmeckt heute nach . . .
3. der Kognak
4. diese Zigarre
5. die Wurst
6. die Suppe

D   Was für eine phantasiereiche Erklärung gibt ihm der Kellner?

1. Die Eier schmecken nach Maikäfer, weil . . .
2. Das Steak schmeckt nach . . . , weil . . .

E   Eine große Familie. Können Sie die Wörter erklären?

1. Die Eltern, das sind der Vater und die Mutter.
2. Der Onkel, das ist . . .
3. der Vetter
4. die Tante
5. die Kusine
6. der Großvater mütterlicherseits
7. der Großvater väterlicherseits
8. die Enkelin
9. der Halbbruder
10. die Großtante
11. die Nichte
12. der Neffe

F   Herr Menke hat Frau Sauer geheiratet; Frau Sauers Tochter Ilse Sauer ist seine Stieftochter. Nachdem Frau Sauer tot ist, heiratet er Ilse. Jetzt ist er sein eigener Schwiegervater. Sehen Sie andere mögliche Komplikationen in der Familie?

G   Fragen zum Text

1. Was wissen Sie über das Maikäferlied?
2. Was wissen die Kinder von Pommern, Krieg und Maikäfer?
3. Wer oder was ist das: Max und Moritz? Was tun die beiden?
4. Warum hat Wilhelm Busch nicht recht?
5. Wie sieht der Maikäfer aus?
6. Warum kann man ihn nicht mehr leicht fangen?
7. Wie war es vor 1950?
8. Womit konnte man den Lehrer nervös machen?
9. Was konnte man sonst noch mit Maikäfern tun?
10. Warum hat die Agrarchemie dem ein Ende gemacht?
11. Was denken und schreiben die Menschen heute über den Maikäfer?
12. Beschreiben Sie die Imitationen!

H   Können Sie das Maikäferlied singen?

Heim° oder Hochhaus?

Haus, wo man sich zu Hause fühlt

18

"Die Leute müssen raus aus diesen alten Häusern", meint der Direktor. "Wir bauen ihnen schöne neue Wohnungen."

"Hier bleibe ich wohnen, mein Leben lang", sagt ein Arbeiter. "Die bauen ein Hochhaus, und was haben wir davon°? In ein Wohnsilo will ich nicht."

was . . . davon: was ist das positive Resultat für uns?

"Die Häuser sind zu klein und zu dunkel. Man kann sie fast nicht mehr reparieren. Keine Toiletten im Haus. Einfach proletarisch ist das."

Toiletten und andere hygienische Verbesserungen kosten 15.000 Mark, aber neue Wohnungen kosten 80.000 Mark. Nur mit Toiletten usw. ist es nicht getan,° argumentiert die Firma, die Häuser sind zu alt.

zu Ende; fertig

Alt sind sie wirklich, die Häuser der ersten Arbeitersiedlung° Deutschlands, die ältesten sind von 1844. Die Siedlung heißt Eisenheim, sie liegt im Ruhrgebiet.° Arbeiter und Studenten haben gegen ihre geplante Zerstörung° protestiert, gegen

Siedlung = Kolonie

Region der Schwerindustrie

Destruktion

ökonomische Ignoranz und für die Restaurierung eines sozial-
historischen Monuments. Den Plan hat man jetzt geändert,
Eisenheim soll bleiben.

Aber warum wollen die Arbeiter keine modernen Wohnungen? "Hier in Eisenheim können die Kinder spielen; hier ist
das nicht verboten. Mein Bruder, der wohnt in so einem
Neubau. Der kommt immer mit seinen Kindern zu uns, damit
die einmal wieder richtig spielen können. Und unsere Tiere:
Haben Sie einmal Tauben° oder Hühner in einem Hochhaus
gesehen?"

Sogar Schweine° gibt es in Eisenheim und Platz für viele
Hobbies. Die ganze Straße ist ein Spielplatz, und hinter den
Häusern liegen Gärten mit Bäumen, Salat, Kartoffeln, Karotten
und Tomaten und vielen vielen Blumen.

Und noch etwas gibt es in Eisenheim, vielleicht das Wichtigste: Nachbarn, Bekannte, Kommunikation und Hilfe nicht

Taube

Schwein

nur von Haus zu Nachbarhaus, sondern in der ganzen Siedlung. Auch die Alten und Invaliden haben da ihre Rolle; allein ist keiner.

Schließlich°: Eine moderne Wohnung kostet mehr im Monat. Dann müssen die Frauen arbeiten gehen und die Kinder alleine lassen. Und wenn sie abends in ihre schönen Wohnungen kommen, liegt da die Hausarbeit.

zum Schluß; zum Ende

Eisenheim geht nun nicht unter und bekommt auch seine Toiletten. Das ist das Resultat einer gut organisierten Kampagne. Andere Siedlungen sind nicht so glücklich. "Die wollen hier ein Krankenhaus bauen", sagt ein sechsundsechzigjähriger Pensionär der Firma Krupp.° "Was kann man dagegen sagen?"

Name eines großen Konzerns

[351 Wörter]
Nach einem Artikel in der *Zeit*

Übung und Besprechung

A Können Sie erklären, was das für Häuser sind?

1. Wohnhaus	8. Holzhaus
2. Hochhaus	9. Steinhaus
3. Schulhaus	10. Bürohaus
4. Krankenhaus	11. Ferienhaus
5. Gasthaus	12. Hundehaus
6. Gotteshaus	13. Rathaus
7. Bauernhaus	14. Zweifamilienhaus

B Einladung an einen unfreundlichen Menschen. (Mögliche Antworten stehen weiter unten.)

1. Gehen Sie mit zum Schwimmen? → Zum Schwimmen?! Was habe ich davon? Einen Sonnenbrand!
2. Kaufen Sie sich einen Hund! → Einen Hund?! Was habe ich davon? . . .
3. Das Beste ist, Sie heiraten. → Heiraten?! . . .
4. Essen Sie einmal wieder richtig!
5. Fahren Sie mal nach New York!
6. Gehen Sie auch heute abend zum Jazzkonzert?

Das ist doch langweilig.   Davon wird man nur dick.   Das ist mir zu teuer.
Unglück und Unruhe.   Da hat man jeden Tag Arbeit.   Sie selber tun es ja
auch nicht.

C Das reicht nicht, damit ist es nicht getan. Die Antwort suchen Sie am besten selber.

1. Gut, die Häuser bekommen neue Toiletten; reicht das? → Mit Toiletten ist es nicht getan; die Häuser müssen ganz renoviert werden.
2. Hier sind zwei Dollar fürs Essen; reicht das? → Mit zwei . . .
3. Zwei Stunden will ich daran arbeiten; reicht das? → . . .
4. Wir bauen einen Parkplatz für zwölf Wagen; reicht das?
5. Ich schreibe ihr gleich einen Brief zum Geburtstag; reicht das?
6. Schön, ich nehme mir ein ganzes Wochenende für den Garten; reicht das?
7. Herr Professor, ich schreibe bestimmt eine gute Schlußprüfung; reicht das nicht?

D Fragen zum Text

1. Was plant der Direktor?
2. Was sagt der Arbeiter dazu?

3. Was sagt der Direktor gegen die alten Häuser?
4. Wie hoch sind die Kosten für die Renovierung?
5. Wie alt ist und wo liegt Eisenheim?
6. Worum ging es bei dem Protest der Arbeiter und Studenten?
7. Was für Tiere gibt es in Eisenheim und nicht im Hochhaus?
8. Warum ist Eisenheim ein besseres Heim für Kinder?
9. Gibt es in Eisenheim Gärten?
10. Was ist vielleicht das Wichtigste in einer solchen alten Siedlung?
11. Was sind die Nachteile einer modernen Wohnung?
12. Welches Resultat hatte die Protestkampagne?
13. Wogegen kann der Pensionär von Krupp nichts sagen?

E Ganz große Aufgaben

1. Spielen Sie die Rolle des Direktors!
2. Was kann man gegen solche Renovierungen sagen?
3. Was für Kontakte gibt es bei Ihnen zu Hause von Haus zu Nachbarhaus?

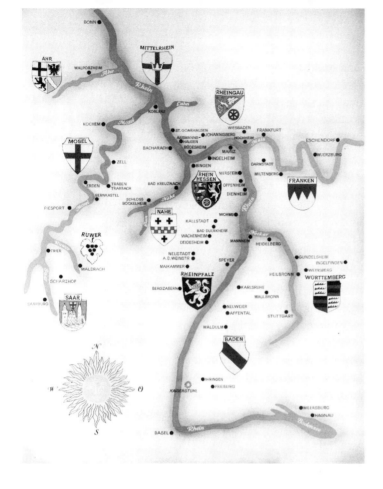

Moselwein

19

Erden an der Mosel ist ein typisches Weindorf, fast noch intakt. Die Hälfte° der 490 Einwohner° lebt vom Weinbau. Schon vor zwei Jahrtausenden haben die Römer° in Erden Wein angebaut, und heute kommt von hier einer der besten Weine, das "Erdener Treppchen".

Die Weinbauern an der Mosel sind nicht reich, bei weitem nicht, aber auch nicht ganz arm. Viel Land haben sie nicht; dem Reichsten im Dorf gehören zweieinhalb Hektar. Aber Weinbau ist arbeitsintensiv, und mehr Land kann eine Familie allein nicht bearbeiten.

½ / Leute, die da wohnen

Menschen aus Rom

Jede Generation hat das Land auf die Kinder verteilt. Daher sind die Landstücke oft sehr klein, und man muß kilometerweit von einem zum andern fahren.

Erhard Jacoby z.B. hat mehr als zwanzig Stücke, zusammen eineinhalb Hektar. Davon lebt er mit seiner Frau Loni, seinen Eltern (beide über 70) und drei Kindern.

Wie gut sie leben? Das ist eine Frage des Wetters, ihrer Arbeit und ihres Könnens — und wo das Weinland liegt. Im besten Weinland ist die Arbeit am schwersten: an der steilen° Bergseite nach Süden, wo die Sonne an jede Rebe° kommt.

zwischen horizontal und vertikal, mit starker Steigung

Weinpflanze

Die Sonne ist an der Mosel besonders wichtig, und nicht jedes Jahr scheint sie oft genug. Der 1974er° wird kein guter Wein, meint Erhard Jacoby, es hat zuviel geregnet.

Wein von 1974

Für 1.000 Liter einfachen Most° bekommt er nicht mehr als 1.200 Mark. In einem sonnigen Jahr, wenn man ein gutes "Erdener Treppchen" erwartet, verkauft er den besten Most für 5.000 bis (selten) 10.000 Mark.

aus Most macht man Wein

0,7 Liter sind in einer Flasche. In einem Restaurant bringt ein gutes "Erdener Treppchen" heute mehr als 30 Mark. Aber von diesem Geld sehen Erhard Jacoby und die anderen Weinbauern nur einen kleinen Teil.

Natürlich ist das nicht der Wein, der im Kaufhaus als "Moselglück" oder "Moselsonne" zu haben ist. Bei den billigen Weinen mit solchen Namen kommen ein Teil des Mosts und außerdem nur der Name garantiert von der Mosel. Ob Moselwein gut oder schlecht ist und wie er schmeckt, darauf gibt es keine generelle Antwort. Man muß genau sagen, welchen Wein man meint. Auch die zwanzig Landstücke von Erhard Jacoby haben nicht alle die gleiche Qualität.

Heute wird viel mehr Wein produziert als früher: Massenwein,° billig und schlecht, aus den gigantischen Plastiktanks der großen Weinfirmen. Ein Teil davon geht ins Ausland, wo man die Namen nicht auseinander kennt.

Masse = sehr viele Dinge oder Menschen

Erhard Jacoby und seine Nachbarn haben an dieser Tendenz nicht teil. Sie wollen es nicht, und sie haben auch nicht genug Land dafür. In einem einzigen Plastiktank liegt so viel Most, wie Familie Jacoby in drei Jahren intensiver Arbeit zusammenbringt.

Aber das Dorf Erden profitiert doch von der neuen Zeit. Auch teurer Wein verkauft sich heute gut; es gibt genug Leute mit Geld, die ihn gerne trinken. Und außerdem sind da die Touristen, vor allem am Wochenende. Bei den Weinbauern wollen sie einmal richtig glücklich sein. Also trinken sie möglichst viel "Moselglück" und fahren in ihren Bussen wieder nach Hause.

[479 Wörter]
Nach einem Artikel von Rudolf Walter Leonhardt in der *Zeit*

Übung und Besprechung

A Bei weitem nicht!

1. Sind die Weinbauern reich? → Bei weitem nicht, aber auch nicht ganz arm.
2. Ist der "Kaiserhof" das teuerste Hotel in Köln? → Bei weitem nicht, aber . . .
3. Sind Sie in Ihrem Leben immer gesund gewesen?
4. Wird man durch Liebe immer glücklich?
5. Ist Pennsylvanien ein besonders großer Staat?
6. Ist diese Aufgabe zu kompliziert für Sie?
7. Ist Chikago die schönste Stadt Amerikas?
8. Kommen Sie eigentlich immer zu spät?

B Darauf gibt es keine generelle Antwort. (Mögliche Antworten stehen unten.)

1. Wie gut leben die Weinbauern? → Das ist eine Frage des (der) . . .
2. Wieviel Schlaf braucht der Mensch? → Das ist eine Frage . . .
3. Wie warm wird es hier am Tag?
4. Was ist die optimale Kinderzahl für eine Familie?
5. Welcher Wein ist der beste?
6. Wie oft muß man eine elektrische Schreibmaschine reparieren?

das Wetter   die persönliche Ansicht   das Geld   das Alter   die Qualität
der Geschmack   die Jahreszeit

C Können Sie diese Wörter auf deutsch erklären?

1. Tourist
2. Ausland
3. Weinbauer
4. Hektar
5. Nachbar
6. Restaurant

D Denken Sie ans Wetter! Wie viele Wörter können Sie dazu nennen? Sonne, sonnig, regnen . . . Können Sie acht solche Wörter erklären?

E Fragen zum Text

1. Wie groß ist Erden an der Mosel?
2. Wofür ist Erden bekannt?
3. Wieviel Land haben die Weinbauern?
4. Warum ist es nicht gut, daß die Väter das Land immer an ihre Kinder verteilt haben?
5. Wie groß ist die Familie Jacoby?

6. Wie gut lebt die Familie Jacoby?
7. Wo liegt das beste Weinland?
8. Welche Rolle spielt die Sonne?
9. Wie gut wird der 1974er Wein, und warum?
10. Wieviel Geld bekommt man für tausend Liter Most?
11. Was kostet eine Flasche "Erdener Treppchen"?
12. Kommen "Moselglück" und "Moselsonne" garantiert von der Mosel?
13. Wie schmeckt Moselwein?
14. Was ist heute anders als früher?
15. Warum hat Erhard Jacoby nicht teil an der neuen Tendenz?
16. Wie groß ist so ein Plastiktank?
17. Wie profitiert Erden doch von der neuen Zeit?
18. Haben Sie selber schon einmal guten Moselwein getrunken?

F   Ganz große Aufgaben

1. Ein Weinbauer erklärt, warum er nicht in Urlaub fahren kann.
2. Was ist in Erden anders als im deutschen Philadelphia?

20 Schönes neues Land

Unser Campingwagen stand unter Bäumen am See. Morgens früh, wenn die Sonne aufging, konnte man auf dem Wasser vielleicht einen Schwan° sehen und später ein Segelboot.° Motorboote gab es keine.

Der Sommer war zu Ende. Auf dem Campingplatz standen fast nur noch die Wohnwagen, die auch im Winter bleiben. Mit ihren kleinen Blumengärten sahen sie aus wie Häuschen.

An Wochentagen war es still. Freitagabends kamen die Besitzer der Wohnwagen. Am Samstag und Sonntag lagen ein

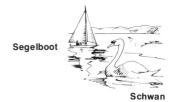

Segelboot

Schwan

86

paar hundert Leute unter der Sonne im Sand, und die Kinder spielten im Wasser. Wenn sie wieder fort waren, am Abend, kamen die wilden Schwäne zurück und flogen über den See. Zwei Paare.

Es waren schöne Wochen. Ein idyllisches Stück Natur — und ein Produkt der Zivilisation. Wald und See sind neu. Früher war hier eine Mondlandschaft° und noch früher Agrarland.

Mondlandschaft

Naturpark und Campingplatz liegen im Gebiet° der Braunkohle.° Dieses Gebiet links des Rheins produziert aus Braunkohle 20 Prozent der elektrischen Energie in der Bundesrepublik. An die Gefahr des "strip-mining" im amerikanischen Stil hat man hier schon vor hundert Jahren gedacht. Seit fünfzig Jahren wird der Zerstörung entgegengearbeitet; die Landschaft wird "repariert".

Region

Lignit, nicht so hart und schwarz
   wie Anthrazit

Ganze Dörfer werden neu aufgebaut. Zweieinhalb Millionen Bäume und Büsche werden jedes Jahr gepflanzt. So entsteht° ein Waldgebiet für die Leute aus den Großstädten (vor allem Köln) und für die Tiere, die in unserer Zeit so viel von ihrem Territorium verloren haben.

wächst; wird

Das Wasser in den 43 Seen ist sauberer als in den natürlichen Seen Deutschlands. Man darf darin fischen (nicht überall), und in Zukunft kommt von hier auch Trinkwasser für die Städte am Rhein.

Aus diesem fünfzigjährigen Experiment haben die Ökologen der ganzen Welt gelernt — und hoffentlich auch ein paar Politiker. Ein gutes Beispiel von Koordinierung staatlicher und privater Interessen.

Aber da muß genau geplant werden. Für dieses Gebiet gibt es schon Pläne für die nächsten hundert Jahre. Zehn Jahre Vorbereitung sind nötig,° bevor die Braunkohle aus der Erde kommt. Leitungen, Straßen, Bahn und Häuser müssen verlegt° werden, ohne daß die Interdependenz der Teile in Gefahr kommt.

braucht man

an einen anderen Platz gesetzt

Erst viele Jahre danach kann man das Resultat der Welt vorzeigen. Wo heute abend die Schwäne auf dem Wasser landen, begann die Rekultivierung vor vierzig Jahren.

[364 Wörter]

Zum Teil nach einem Artikel von Eckart Kleßmann in der *Zeit*

Übung und Besprechung

A Wissen Sie, was hier produziert wird?

1. von einem Generator
2. in einer Bäckerei
3. in Detroit
4. von einer Kuh
5. von einem Huhn
6. in Erden an der Mosel
7. in einer Bierbrauerei
8. in einer Gärtnerei

B Das erste passiert ohne das zweite.

1. Dörfer werden verlegt, aber die Interdependenz der Teile kommt nicht in Gefahr. → Dörfer werden verlegt, ohne daß die Interdependenz der Teile in Gefahr kommt.
2. Gisela ißt für drei, aber sie wird nicht dick. → Gisela ißt für drei, ohne daß . . .
3. Der Junge geht ins Kino, aber die Eltern wissen es nicht.
4. Das Radio lief in seinem Zimmer, aber er wachte nicht auf.
5. Er machte ein komisches Gesicht, aber niemand lachte.
6. Der Jockey hungert jeden Tag, aber er wird nicht krank.
7. Sie kocht jeden Tag, aber niemand in der Familie sagt danke.

C Seit wann ist das so? Seit vielen Jahren? Erst seit letztem Winter?

1. Um sechs Uhr wird gegessen. → Seit vielen Jahren wird um . . .
2. Abends wird ferngesehen. → Seit . . .
3. Auch samstags wird gearbeitet. → Erst seit . . .
4. Am Wochenende wird viel geschlafen.
5. Beim Essen wird viel gelacht.
6. Für jede Woche wird etwas geplant.
7. Beim Autofahren wird stundenlang gesungen.

D Unsere alte Nachbarin lebt nicht mehr. Was passiert mit allen ihren Sachen? Werden sie verkauft / verbrannt / weggeworfen / verschenkt / verteilt / aufgegessen / repariert / zu ihrem Bruder gebracht / dagelassen?

1. Was passiert mit ihrem Haus?
2. Was passiert mit ihrem Wagen?
3. mit dem Bett
4. mit den Kleidern

5. all den Büchern
6. den alten Zeitungen
7. den zwanzig Flaschen Moselwein
8. den Schuhen
9. ihrem Parfüm
10. der Kuckucksuhr
11. der Katze
12. den Lebensmitteln
13. . . .

E Fragen zum Text

1. Wie war es morgens am See?
2. Der Sommer war zu Ende. Wie sah der Campingplatz aus?
3. Was taten die Leute am Wochenende?

4. Was konnte man abends sehen, nachdem die Leute fort waren?
5. Wie sah dieses Stück Land früher aus?
6. Welche Rolle spielt dieses Gebiet in der Bundesrepublik?
7. Was geschieht hier schon seit einem halben Jahrhundert?
8. Was entsteht durch das Pflanzen von Bäumen und Büschen?
9. Was wissen Sie über die Seen in diesem Gebiet?
10. Welche anderen positiven Resultate dieses Experiments können Sie nennen?
11. Wie weit voraus wird da geplant?
12. Was muß geschehen, bevor die Braunkohle aus der Erde kommt?
13. Wann kann man das Resultat der Rekultivierung vorzeigen?

F Ganz große Aufgaben

1. Ein Tag auf einem amerikanischen Campingplatz.
2. Auch in den USA werden jetzt Kohlengebiete rekultiviert.

21

Römische°

Adjektiv zu: Rom

Archäologie am Rhein

Daß vor zwei Jahrtausenden die Römer am Rhein waren und daß zu der Zeit Städte wie Trier und Köln einen größeren Namen hatten als später, das weiß heute jedes Kind. In den letzten zwanzig Jahren ist besonders die eminente Rolle Kölns immer stärker dokumentiert worden.

Die Archäologie hat gezeigt, was für eine "moderne" Stadt das war, mit Zitadellen, Tempeln, Theater, Forum und Markt-platz, mit Zentralheizung° und mit frischem Wasser, das über Leitungen und Aquädukte von weither aus den Bergen kam. Zu Zeiten wurde Rom von Köln aus regiert.

heizen = warm machen

Köln steht auf seiner Vergangenheit, unter den Häusern liegen die Reste der Römerstadt. 10.000 Quadratmeter hat man bis zu 7 Meter Tiefe untersucht,° und ein Ende ist noch nicht zu sehen.

examiniert

In dem ganzen römischen Gebiet am Rhein kann man im Garten ab und zu° römisches Geld oder z.B. ein Stück von einer Vase finden, und viele Rheinländer haben daraus ein mehr oder weniger ernstes Hobby gemacht. Eine schöne Sache — nur bleiben sie beim Suchen nicht alle in ihrem Garten, sondern graben auch dort, wo man sie nicht eingeladen hat.

ab und zu = manchmal

Manchmal können solche Amateur-Archäologen Geld verdienen. Vor ein paar Jahren zahlte das Römisch-Germanische Museum in Köln ungefähr 500.000 Mark für ein 14 Meter hohes Monument. Zwei Männer hatten es unter einem Textilgeschäft gefunden und zusammen mit fünf Freunden in 15.000 Arbeitsstunden freigelegt.

Unter den Amateuren gibt es Fanatiker und solche, die vor allem daran verdienen wollen, und bei beiden Typen einige mehr oder weniger illegale Praktiken. Offiziell gehört jeder Fund° dem Landesmuseum, aber wer will alle seine Funde abgeben? Und: Wo die Diplom-Archäologen vom Museum oder von der Universität arbeiten, da muß doch auch für

was man findet

Amateure etwas zu finden sein, vor allem in der Nacht oder im Winter. Am schnellsten arbeitet man dann mit einem Metalldetektor.

Die Amateure sind eine Plage geworden. Um sie und ihre Detektoren zu verwirren,° legen die Leute vom Landesmuseum Tausende von kleinen Metallstücken auf die Erde.

° konfus machen

Der Direktor des Römisch-Germanischen Museums in Köln hat eine andere Methode gefunden: Er hat die Privat-Archäologen seiner Stadt legalisiert. Sie dürfen jetzt mit ihm arbeiten, und was sie finden, dürfen sie mitnehmen, oder sie bekommen Geld oder ein anderes Stück dafür. Solange sie leben, behalten sie ihre Funde, und dann geht alles an das Museum. Jetzt wird in Köln mehr gefunden und weniger verloren, und die Polizei hat Zeit für andere Arbeit.

[400 Wörter]
Nach einem Artikel von Werner Schulze-Reimpell im *Stern*

Übung und Besprechung

A Was für eine Sache ist das? Schön / langweilig / teuer / gefährlich / schwierig / hochinteressant / leicht / wichtig / unmoralisch / lukrativ / romantisch / billig . . .

1. Wasserski. → Das ist eine . . .
2. Archäologie
3. Politik
4. Krieg
5. die erste Liebe
6. 500 Briefe adressieren
7. eine Urlaubsfahrt mit dem Schiff
8. Medizin
9. heiraten
10. Babysitting
11. Motorradfahren
12. Zirkusarbeit

B Es tut mir leid, aber es geht nicht.

1. Diese Uhr kann man nicht reparieren. → Aber diese Uhr muß doch zu reparieren sein!
2. Ich kann den Fehler nicht finden. → Aber der Fehler . . .
3. Da kann man nichts machen. → Aber da muß doch etwas . . .
4. Daran kann man nichts ändern. → Aber daran . . .
5. Diesen Plan können wir nicht brauchen. → Aber dieser Plan . . .
6. Den Brief kann keiner lesen. → Aber der Brief . . .
7. Die Erklärung verstehe ich nicht. → Aber die Erklärung . . .
8. Dem Mann kann niemand helfen. → Aber dem Mann . . .

C Schreiben Sie dreißig Wörter auf, die auf englisch und deutsch gleich geschrieben werden, mit höchstens einem Buchstaben, der verschieden ist! Können Sie diese Wörter sprechen? Können Sie zehn davon auf deutsch erklären?

D Im Text steht es etwas anders. Wissen Sie noch, wie?

1. Vor *zweitausend Jahren* waren die Römer am Rhein.
2. *Damals* hatte Trier einen großen Namen.
3. in den letzten *zwei Jahrzehnten*
4. *vor allem* die Rolle Kölns
5. *stärker und stärker* dokumentiert

6. Die Archäologie hat es *demonstriert*.
7. Man kann *manchmal* antikes Geld finden.
8. Viele Rheinländer haben daraus ein *Steckenpferd* gemacht.
9. *rund* 500.000 Mark
10. in 15.000 Arbeitsstunden *ausgegraben*
11. Metallstücke auf *den Boden* legen
12. *Nun* wird mehr gefunden und weniger verloren.

E Fragen zum Text

1. Was weiß heute jedes Kind?
2. Was ist in letzter Zeit besonders gut dokumentiert worden?
3. Was für eine Stadt war Köln zur Römerzeit?
4. Was wissen Sie von den Dimensionen archäologischer Arbeit in Köln?
5. Wie ist Archäologie für viele Rheinländer zum Hobby geworden?
6. Wo graben die Amateure?
7. Woher kam das 14 Meter hohe Monument?
8. Ist alle Amateur-Archäologie harmlos und legal?
9. Wem gehören die Funde, und wer bekommt sie?
10. Wozu braucht ein Amateur einen Metalldetektor?
11. Was tut das Landesmuseum gegen diese Plage?
12. Welche andere Methode benutzt das Römisch-Germanische Museum?
13. Was geschieht mit den Funden der Kölner Amateure?
14. Funktioniert das neue System wie geplant?

F Ganz große Aufgaben

1. Beschreiben Sie ein anderes Hobby, in drei bis vier Sätzen!
2. Was wissen Sie von den Römern?

22 Gastarbeiterkinder

Ein Türke° bringt sein Kind zur Schule, zum ersten Tag. "Deutsche Klasse", sagt der Rektor.° Der Türke gestikuliert mit Kopf und Händen: "Nein, nein, türkische Klasse!" "Das Kind kann doch sicher etwas Deutsch", sagt der Rektor darauf, aber der Vater antwortet emphatisch: "Kein Deutsch. Türk-ische Klasse."

"Machen wir einen Sprachtest!" "Gut", sagt der Türke,

° Mann aus der Türkei
° Chef einer Grundschule

"morgen". Das Kind hat kein Wort gesprochen. Vielleicht versteht es Deutsch, aber auch auf den Test am nächsten Tag reagiert es nicht, wohl nach Instruktionen von seinem Vater. Also kommt es in die "türkische" Klasse, wo es auf die deutsche Schule vorbereitet werden soll.

In größeren Städten der Bundesrepublik gibt es solche Vorbereitungsklassen für Türken, Griechen, Jugoslawen, Spanier, Portugiesen und Italiener. In kleineren Städten sind Vorbereitungsklassen nicht möglich, weil es da nicht genug Schüler derselben Nationalität gibt.

Zweieinhalb Millionen Ausländer arbeiten in der Bundesrepublik. Mit den Familien, die ein Teil von ihnen mitgebracht hat, sind es vier Millionen. Die Kinder sollen in die deutsche Schule gehen, aber viele kommen nicht immer und manche gar nicht. Sie bleiben auf der Straße, oder sie helfen zu Hause bei den vielen kleinen Brüdern und Schwestern und der kranken Großmutter. Die Ausländerfamilien sind oft groß.

In die deutsche Schule gehen Gastarbeiterkinder im allgemeinen nicht gern. Die deutschen Kinder akzeptieren sie nicht leicht, weil sie "anders" sind: anders aussehen, anders essen, anders spielen und anders sprechen. Und weil man sie nicht akzeptiert, lernen die meisten nie richtig Deutsch. Ihre Eltern können die Sprache nur schlecht sprechen und interessieren sich auch oft nicht dafür.

Aber wie sollen die unglücklichen Kinder ohne Deutsch Mathematik lernen oder Biologie oder auch nur Kochen? Von Anfang an sind sie schlechtere Schüler, auch die Intelligenten unter ihnen, und bald verlieren sie dann das Interesse am Lernen. Das führt zu° Apathie und Aggressivität, und in ein paar Jahren wird man sie asozial nennen.

Das . . . zu: die Konsequenzen sind

Es spielt kaum eine Rolle, ob man sie nach einem Jahr dieselbe Klasse wiederholen läßt oder sie in die nächste Klasse mitnimmt: Die meisten von ihnen kommen nie so weit wie ihre deutschen Mitschüler. Wenn sie sechzehn sind, wartet auf sie das Leben von Arbeitssklaven°: nichts gelernt, nichts verdient.

Sklave = unfreier Mensch

In einigen Städten gibt es heute (Normal-)Klassen, in denen nur die Hälfte der Schüler zu Hause Deutsch spricht. Die deutschen Eltern sehen das nicht gerne. Sie sagen, die Qualität der Schule sinkt. Sind separate Schulen dann vielleicht doch besser?

Von amerikanischen Minoritätsproblemen wissen wir aus Zeitung und Fernsehen. Dies ist die europäische Variante. Die Ausländer in der Bundesrepublik können nicht assimiliert werden, weil sie eines Tages zurückgehen sollen in ihre eigenen Länder. Sie sollen gar keine Deutschen werden, und viele wollen es auch nicht. Sie sind Gastarbeiter und keine Einwanderer.°

Immigranten

Unser türkischer Vater hat zwei gute Argumente dafür, daß er sein Kind in die Vorbereitungsklasse bringen will. Erstens hat es dort keine deutschen Kinder als (stärkere) Rivalen, und zweitens wird es da nicht "germanisiert". In ein paar Jahren soll es in die Türkei zurück, und dann muß es sich dort zu Hause fühlen können.

Viele Kinder bleiben mehrere Jahre in der Vorbereitungsklasse. Sie wollen gar nicht so viel lernen, daß sie in die Normalklasse kommen. Nur: Ihre Muttersprache lernen sie auch nicht richtig, und am Ende können sie alles nur halb.

Sie haben nicht die volle sprachliche und nationale Identität ihrer Eltern, und Deutsche werden sie auch nicht. So entsteht eine typische Gettomentalität, nicht nur durch die Konzentration von Gastarbeiterwohnungen in einem Stadtteil. Die Bundesrepublik, die Länder und die Städte möchten helfen, aber guter Wille allein reicht nicht.

Gina, zwölf Jahre alt, hat es besser als die meisten. Sie spricht und schreibt Deutsch wie eine Deutsche und Italienisch wie eine Italienerin. Sie hat eine Muttersprache und sozusagen auch eine Vatersprache; denn ihr Vater ist Italiener und ihre Mutter Deutsche. Sie ist eine gute Schülerin, aber ihre Mitschüler akzeptieren sie doch nicht ganz.

Manchmal wird sie "Spaghettifresser" genannt. Fair ist das

nicht und auch nicht richtig; denn sie ißt nicht mehr Spaghetti als andere deutsche Kinder. Das ist die eine Seite.

Und nun die andere: Jeden Sommer fährt Gina mit Vater und Mutter nach Italien, zu der Familie des Vaters, und dort hilft es nichts, daß Gina Italienisch spricht und einen italienischen Namen hat. Was schreien die italienischen Kinder hinter ihr her? "Kartoffelfresser."

[707 Wörter]
Nach einem Artikel von Kurt Joachim Fischer
in der *Frankfurter Rundschau* und
einem Artikel von Peter Schille in der *Zeit*

Übung und Besprechung

A Ist das Deutsch oder deutsch?

Wer **D**eutsch spricht, kann die deutsche Sprache sprechen — ob er jetzt etwas sagt oder nicht. Wer jetzt **d**eutsch spricht, sagt in diesem Moment etwas auf deutsch.
Welcher Satz aus der Gruppe a–h gehört zu welchem Satz aus der Gruppe 1–8?

1. Sprechen Sie jetzt italienisch?
2. Sprechen Sie jetzt Italienisch?
3. Mein Name ist deutsch: Hildegard.
4. Meine Heimat ist russisch. (Heimat ist, wo ich zu Hause bin.)
5. Ihr wichtigster Besitz ist griechisch.
6. Ihr wichtigster Besitz ist Griechisch.
7. Mein Name ist Deutsch, Hildegard.
8. Meine Heimat ist Russisch.

    a. Benutzen Sie jetzt die italienische Sprache?
    b. Haben Sie jetzt die italienische Sprache gelernt?
    c. Ich heiße Hildegard Deutsch, Frau Hildegard Deutsch.
    d. Ich habe einen deutschen Namen: ich heiße Hildegard.
    e. Meine Heimat ist die russische Sprache; ein Heimatland habe ich nicht.
    f. Meine Heimat liegt in Rußland.
    g. Das Wichtigste, das sie besitzen, ist in Griechenland oder kommt aus Griechenland.
    h. Ihr wichtigster Besitz ist die griechische Sprache.

B Setzen Sie neue Wörter zusammen, jedesmal mit einem "s" in der Mitte!

1. Ein Sklave der Arbeit ist ein Arbeitssklave.
2. Ein Dozent an einer Universität ist ein . . .
3. der Platz vor dem Bahnhof
4. der Leser einer Zeitung
5. der Schlüssel zu meiner Wohnung
6. das Bild einer Landschaft
7. Wasser aus einer Leitung
8. eine Person, vor der man Respekt haben soll

C Wozu führt das? Zu einer Revolte, zu nichts, zu hohen Kosten, zu Nervosität, zu höherer Kriminalität, zu einem Schwarzmarkt in Schnaps . . .

1. Hunger im ganzen Land führt zu . . .
2. Korruption bei der Polizei
3. zu wenig Schlaf
4. schlechte Schulen
5. Inflation
6. Alkoholverbot
7. . . .

D Wie viele Nationen können Sie auf deutsch nennen? Hier sind sieben Beispiele:

1. Griechen sprechen Griechisch; ihre Heimat ist Griechenland.
2. Türken sprechen . . .
3. Italiener
4. Kanadier
5. Spanier
6. Deutsche
7. Schweizer

E Schreiben Sie einen Brief an den Rektor einer Grundschule, um zu erklären, warum Ihr Kind gestern und vorgestern nicht in der Schule war!

F Das Kind erzählt seinen Freunden von dem Brief — und daß die Sache in Wirklichkeit ganz anders war: Ich hatte gar keine hohe Temperatur, wie meine Mutter geschrieben hat, sondern . . .

G Wie soll man sich dort (hier) fühlen können? Als reicher Mann / als freier Mensch / als mein Freund / zu Hause / glücklich / wie ein Pascha . . .

1. Warum soll das Türkenkind wie in der Türkei aufwachsen? → Es soll sich dort zu Hause fühlen können.
2. Warum wollen Sie so viel Geld nach Athen mitnehmen?
3. Warum gibst du unserer Enkelin einen Haustürschlüssel?
4. Warum stellst du unserem Gast immer Blumen ins Zimmer?
5. Warum tust du das alles für mich?

H Fragen zum Text

1. Worüber diskutieren der Türke und der Rektor?
2. Wieso kommt das Türkenkind schließlich in die Vorbereitungsklasse?
3. Wie viele Gastarbeiter (und Familien) gibt es in der Bundesrepublik, und wo kommen die meisten her?
4. Was tun die Gastarbeiterkinder, wenn sie mal nicht zur Schule gehen?
5. Warum werden sie von den deutschen Kindern nicht akzeptiert, und wozu führt das?
6. Wozu führt es, wenn sie nicht richtig Deutsch lernen?
7. Wie sieht die Zukunft solcher Schüler aus, in der Schule und im Beruf?
8. Was haben deutsche Eltern gegen die Gastarbeiterkinder zu sagen?
9. Wieso sind Gastarbeiter keine Einwanderer?
10. Warum will der Türke sein Kind nicht in die ''deutsche'' Klasse schicken?
11. Wie entsteht bei solchen Kindern eine Gettomentalität?
12. Wieso hat die kleine Gina es besser als die meisten?
13. Warum ist das Wort ''Spaghettifresser'' nicht fair?
14. Wohin fährt Gina im Sommer, und wie geht es ihr dort?

I Große Aufgaben

1. Der Türke gibt seiner kleinen Tochter Instruktionen für den Sprachtest und auch Erklärungen dazu.
2. Eine Lokalzeitung schreibt über die neuen Vorbereitungsklassen.
3. Ist das amerikanische Minoritätsproblem anders als das europäische? Welche Unterschiede können Sie *auf deutsch* besprechen?

23

Traditionelles Bild der schweizer Frau

Hier sind einige Fakten aus einer UNESCO-Studie. Ein modernes Idealbild ist es nicht. Aber auch in der konservativen Schweiz ändert sich die Situation: Seit 1971 haben Frauen dort die gleichen politischen Rechte wie Männer.

Dreiviertel aller Schweizerinnen heiraten vor ihrem 26. Geburtstag. Von den Ledigen° glauben nur 3% nicht, daß man durch Heiraten glücklich wird. Lange warten dürfen sie aber nicht. Wer mit 30 noch allein ist, bleibt es meistens auch. Und wer schon einmal verheiratet war, hat nur noch minimale Chancen, am wenigsten als Geschiedene.

noch nicht verheiratet

61% der verheirateten Männer sind älter als ihre Frauen, aber nur 14% der Männer sind jünger. Frauen leben länger, und so gibt es viele einsame alte Frauen.

In der Familie hat der Mann das Sagen, weil das immer so war, weil er meist älter ist und weil er länger studiert oder gelernt hat. 66% der Männer mit einem Universitätsdiplom haben Frauen, die nicht oder nur wenig studiert haben, aber nur 20% der studierten Frauen sind mit Nichtakademikern verheiratet. Außerdem gehen die meisten Frauen direkt vom

Haus ihrer Eltern ins Haus des Mannes; sie leben vor der Heirat nie allein.

Wer heiratet, will auch Kinder. Von den 16% Frauen, die keine Kinder bekommen, hätten die meisten gerne eines. Die Normalfamilie erwartet das erste Baby nach zwei Jahren und dann noch ein zweites oder auch drittes. Nicht mehr als 2–3% der Familien planen nur *ein* Kind.

Was tut die glückliche Frau am Abend? Sie sitzt zu Hause. Jeder dritte Familienvater geht abends manchmal alleine aus, aber nur jede zehnte verheiratete Frau tut das auch. Die Frauen wollen gar nicht alleine ausgehen: so etwas tut man nicht, sagen sie.

Also sitzt man am Familientisch. Und worüber spricht man da? Meistens über die Arbeit des Mannes. 3 von 4 Frauen lesen jeden Tag die Zeitung, aber nur 2 von 5 sprechen über Politik.

In den meisten westlichen Ländern ist es kaum besser, auch nicht beim Geld. Die Schweizerin verdient für gleiche Arbeit ein Viertel weniger als der Schweizer.

Nur 1 von 4 verheirateten Schweizerinnen hat einen zweiten

Beruf neben dem der Hausfrau. 62% der Männer helfen ihren Frauen im Haus. Das ist nicht viel, sagen die meisten Männer, aber ihre lieben Frauen sind dankbar. Das Motto ist nicht Gleichheit, sondern Harmonie. 16% der Männer *und* Frauen sagen, daß das Familienleben nur einmal im Monat disharmonisch wird, und 31% sagen, bei ihnen ist *immer alles* in Ordnung.

[415 Wörter]
Nach einem Artikel von Isolde Schaad
im *Tagesanzeiger,* über eine UNESCO-Studie

Übung und Besprechung

A Wenn das eine, dann auch das andere.

1. Wer mit dreißig noch allein ist, bleibt es auch. → Wenn man mit dreißig noch allein ist, bleibt man es auch.
2. Wer schon einmal verheiratet war, hat nur minimale Chancen. → Wenn man . . .
3. Wer sucht, der findet. → Wenn man . . .
4. Wer das glaubt, muß recht naiv sein.
5. Wer das einmal getan hat, will es immer wieder tun.
6. Wer nicht gern alleine ißt, heiratet am besten.
7. Wer heiratet, will meistens auch Kinder.
8. Wer im Glashaus sitzt, soll nicht mit Steinen werfen.

B Wie oft wollen, sollen, müssen, dürfen oder können Sie das tun? Einmal im Leben? Einmal oder zweimal am Tag? Einmal am Abend, in der Woche, im Monat, im Jahr? Nie?

1. Zum Zahnarzt gehen will ich nur einmal im Jahr.
2. Mir die Haare waschen, das muß ich zweimal in der Woche. Oder: Mir die Haare waschen muß ich zweimal in der Woche.
3. Mir die Haare schneiden lassen . . .
4. Neue Schuhe kaufen
5. Zu Abend essen
6. Alleine ausgehen
7. Mein Zimmer in Ordnung bringen
8. Kaffee trinken
9. Fisch essen
10. In die Bahamas fliegen
11. Heiraten
12. Briefe schreiben

C Wie man aus Verben Adjektive macht

1. Was man essen kann, ist eßbar.
2. Was man trinken kann, ist trinkbar.
3. Was man zerstören kann, ist . . .
4. Was man *nicht* zerstören kann, ist . . .
5. tragen
6. fühlen
7. brennen
8. erzählen
9. lernen

10. bezahlen
11. erkennen
12. befahren
13. wiederholen
14. benutzen
15. hören
16. Was man sehen kann, ist sichtbar.

D Zu jedem dieser Adjektive brauchen wir einen Beispielsatz (auch mit "un-", wenn Sie wollen).

1. Die Leute haben geglaubt, die *Titanic* ist unsinkbar.
2. Bei hohen Temperaturen ist auch Eisen brennbar.
3. . . .

E Das ist alles falsch, aber wie ist es richtig?

1. Schweizerinnen heiraten meist mit dreißig Jahren. → Nein, sie heiraten meist vor ihrem 26. Geburtstag.
2. Wer schon einmal verheiratet war, heiratet meistens bald wieder.
3. Ein Drittel der Männer heiratet ältere Frauen.
4. Frauen und Männer studieren in der Schweiz gleich lange.
5. In der Schweiz ist die Frau Herr in der Familie.
6. Die Schweizer Normalfamilie hat nur ein Kind.
7. Es ist normal, daß das erste Baby sechs Monate nach der Heirat kommt.
8. Schweizerinnen gehen abends oft alleine aus.
9. Zeitunglesen ist in der Schweiz nur Männersache.
10. Am Familientisch redet man vor allem über Politik.
11. In der Schweiz verdienen Männer und Frauen gleich viel.
12. Den Schweizerinnen geht es viel schlechter als den Frauen in anderen Ländern.
13. Nur 14% der Schweizer helfen ihren Frauen im Haushalt.
14. Die meisten Männer sagen, daß bei ihnen das Familienleben immer harmonisch bleibt, aber die Frauen haben da eine andere Meinung.

F Ganz große Aufgaben

1. Schreiben Sie einen Dialog am Familientisch!
2. Warum ist es so leicht für viele Männer, ihre Frauen zu dominieren?
3. Beschreiben Sie die Szene, wo das Familienleben (natürlich nur einmal im Monat) disharmonisch wird!
4. Manche Leute meinen, daß es Zeit ist, auch an die Emanzipation der amerikanischen Männer zu denken. Was gehört dann alles in ihr Programm?

24

Das Kind ist krank—
wer bleibt zu Haus?

Frau M. S. schreibt an die Zeitung: "Ich will etwas fragen, und mich interessiert auch die Meinung anderer Leser zu meinem Problem. Ich bin Sekretärin. Letzten Monat sollte ich das Geld an alle Kollegen auszahlen, aber kurz vor dem Zahltag wurde mein Kind krank. Da ist mein Mann zwei Tage mit dem kleinen Patienten zu Hause geblieben.

"Von allen Seiten gab es negative Reaktionen. Die Eltern meines Mannes meinten, daß immer die Frau zu Hause bleiben muß. Seine Kollegen sagen, er als Ingenieur° ist bei der Arbeit wichtiger als eine Sekretärin. Auch meinen sie, daß er viel an Ansehen° verloren hat.

"Haben wir es nicht richtig gemacht? Bin ich eine schlechte Mutter?"

Die Zeitung antwortet: "Bei uns in der DDR haben Mann und Frau die gleichen Rechte. Nur die Familie kann sagen, wer mit dem kranken Kind zu Hause bleibt." Die Zeitung bringt auch einige der 120 Leserantworten:

Erika Tennigkeit, 163° Zossen: "Wer das Geld auszahlt, ist am Zahltag wichtiger als ein Ingenieur. Auch die Leute, die jetzt schlecht über Sie sprechen, wollen nicht auf ihr Geld warten."

Er konstruiert und kontrolliert Maschinen usw.

Prestige

Jede Adresse hat eine Nummer oder "Postleitzahl".

Horst Wittke, 1055° Berlin: "Nicht Herr S., sondern seine Eltern und Kollegen haben an Ansehen verloren."

1055 ist die Postleitzahl von einem Teil von Berlin.

Brigitte Blahnitz, 6101 Sülzfeld: "Es gibt noch viel Arbeit, bis allen Leuten klar ist, daß beide Eltern Kinder haben und nicht nur die Frau."

Ruth Balster, 432 Aschersleben: "Zeigen Sie Ihren Söhnen, daß es nichts Besonderes ist, wenn sie Haushaltsarbeit machen."

Brigitte Wruck, 1055 Berlin: "Ich bin Studentin und habe einen dreijährigen Sohn, der sehr oft krank ist. Mein Mann arbeitet bei der Polizei. Für mich ist es sehr wichtig, daß ich zu allen Vorlesungen° und Seminaren gehe, und deshalb bleibt manchmal mein Mann zu Hause."

Professor spricht vor vielen Studenten

E. Kloske, 102 Berlin: "Unbezahlte freie Tage nehme immer ich, weil mein Mann zweimal soviel Geld bekommt wie ich."

H. Augustin, 8302 Gottleuba: "Das haben wir nur einmal diskutiert. Mein Mann fand es unmöglich; er dachte an die Reaktion seiner Kollegen. Also bin immer ich zu Hause geblieben."

Braucht ein krankes Kind die Mutter mehr als den Vater? Frau Dr. Rotraud Schulz hat das Schlußwort: "Es ist nicht mehr selten, daß Väter zu Hause bleiben, wenn ein Kind krank ist. Seit Jahren lernen Jungen und Mädchen in der DDR das Gleiche. Also wissen die jungen Mütter nicht mehr als die Väter.

"Daß die Frau das Kind zur Welt bringt, hindert den Mann nicht, das kranke Kind zu verstehen. Es ist absurd, den Unterschied° zwischen Mann und Frau als Hindernis zu sehen. Die Kollegen dieses Vaters müssen das alte Klischee von Männlichkeit aufgeben."

Differenz

[431 Wörter]
Nach Leserbriefen in *Für Dich*

Übung und Besprechung

A Wo kommen diese Wörter her?

1. Männlichkeit kommt von männlich, und männlich kommt von Mann.
2. Menschlichkeit
3. Göttlichkeit
4. Kindlichkeit
5. Künstlichkeit
6. Herrlichkeit

7. Herzlichkeit
8. Pünktlichkeit
9. Lieblichkeit
10. Häßlichkeit
11. Sterblichkeit

B Schreiben Sie sechs Sätze, die anfangen mit: "Für mich ist es sehr wichtig, daß . . ." Und sagen Sie auch, warum es wichtig ist!

C Mutter oder Vater sagen, was sie für das kranke Kind tun. Schreiben oder sagen Sie dasselbe, aber in der Rolle des Kindes!

1. Ich decke es warm zu. → Er (Sie) deckt mich warm zu.
2. Ich mache ihm Essen. → Sie (Er) macht mir Essen.
3. Ich sage ihm immer wieder, es soll schlafen.
4. Ich erzähle ihm vom Sandmann.
5. Ich lese ihm vor.
6. Ich spiele mit ihm.
7. Ich blase Ballons auf.
8. Ich bringe ihm warme Milch mit Honig.
9. Ich singe ihm ein Lied.
10. Ich stelle ihm den Fernseher ans Bett.
11. Ich komme jedesmal, wenn es ruft.
12. Ich zähle ihm den Puls.
13. Ich halte das Thermometer fest.
14. Ich spiele Puppentheater.
15. Ich gebe ihm Medizin.

D Gefällt das dem Kind (Übung C)?

1. Ich mag es, wenn mein Vater (meine Mutter) mich warm zudeckt.
2. Ich mag es nicht, wenn . . .
3. Am liebsten habe ich es, wenn . . .
4. Mir gefällt es, wenn . . .
5. Ich habe es gar nicht gern, wenn . . .
6. Am schlimmsten ist es, wenn . . .
7. Das Schönste ist, wenn . . .

E Im Text steht es etwas anders. Erinnern Sie sich noch, wie?

1. Mich interessiert auch, *was* andere Leute *denken*.
2. Kurz vor dem Zahltag *erkrankte* mein Kind.
3. Mein Mann ist mit dem kleinen *Kranken* zu Hause geblieben.
4. *Auf* allen Seiten *reagierte man negativ*.

5. *Meine Schwiegereltern* meinten, daß immer die Frau zu Hause bleiben muß.
6. Die Zeitung *druckt* einige der Leserantworten.
7. Es *bleibt* noch viel *zu tun,* bis es allen Leuten klar ist.
8. Zeigen Sie Ihren Söhnen, daß es *etwas Normales* ist!
9. Mein Mann bekommt *doppelt* soviel Geld wie ich.
10. Das haben wir nur einmal *besprochen.*
11. *Benötigt* ein Kind die Mutter mehr als den Vater?
12. Es ist absurd, den Unterschied von Mann und Frau als Hindernis zu *betrachten.*

F Große Aufgaben

1. Sonntagabend, und Mann und Frau besprechen, wer zu Hause bleiben soll.
2. Sie sind Journalist (in der DDR) und erklären, warum Sie dieses Thema in der Zeitung besprochen haben.
3. Ein Mann schreibt, warum er nicht der gleichen Meinung ist wie die Zeitung und die meisten Leser.

25

Die spanische
Reitschule
in Wien°

größte Stadt Österreichs

Die spanische Reitschule ist das einzige Kulturinstitut Österreichs, das den Staat nichts kostet. Sie bringt ihm sogar viel Geld ein.

Aus vielen Ländern kommen die Leute und wollen die weißen Pferde, die "Lipizzaner", tanzen sehen. Denn in der spanischen Reitschule (die gar nicht spanisch ist) ist Reiten kein Sport, sondern eine hohe Kunst.° Musik, Skulptur, Literatur, Architektur, Ballett usw.

Die Lipizzaner tanzen ein Ballett mit einer Tradition von vierhundert Jahren. Tradition schreibt man hier ganz groß, nicht nur wegen der Touristen. Für die Österreicher sind die Lipizzaner ein Symbol ihrer alten und reichen Kultur. Diese Pferde haben eine beinahe° politische Funktion, und zwar fast eine konservative.

Die Tiere leben wie die Prinzen, die Reiter und ihre Helfer sind immer in Uniform, für Kamera und Nationalgefühl. Kein

Wunder, daß Walt Disney einen Film über sie gemacht hat —
über sie und ihre Geschichte mit General Patton. Dem amerikanischen General ist es ja zu danken,° daß dieses wunder-
volle Relikt noch heute zu sehen ist.

1945 ist die Rasse° der Lipizzaner beinahe untergegangen.
In der Reitschule sieht man nur Lipizzaner, immer nur die
Hengste.° Die Muttertiere mit den Jungen leben auf dem Land.
Ohne sie kann das Pferdeballett natürlich nur eine Generation
lang existieren.

Am Ende des zweiten Weltkrieges waren die Hengste auf
der amerikanischen Seite. Der Direktor der Reitschule wollte,
daß seine Tiere zusammenbleiben, daß sie nicht arbeiten
müssen wie alle anderen Pferde — und daß die hungrigen
Leute sie nicht aufessen. Das war gar nicht einfach in der
schlechten Zeit.

Eines Tages kam General Patton, und die Pferde und ihre
Reiter zeigten ihm ihre Kunst, die es auf der ganzen Welt nicht
noch einmal gab. Pattons Reaktion war sehr positiv: "Die
Tradition der Reitschule soll weiterleben für das neue Österreich."

"In ein paar Jahren geht sie zu Ende, wenn Sie nicht helfen",
antwortete der Direktor. "Unsere Muttertiere sind auf der
anderen Seite der Demarkationslinie, bei den Russen und
Tschechen. Wir Österreicher können und dürfen sie nicht
herüberbringen."

Da riskierte Patton seine Position als General. Ohne Washington zu fragen, schickte er seine Soldaten über die Demarkationslinie und transportierte alle Lipizzaner in den Westen.
Österreich und die Freunde der Reitkunst in der Welt haben
es nicht vergessen.

Erst zehn Jahre später gingen die weißen Pferde nach Wien
zurück — nachdem dort keine russischen Soldaten mehr
waren.

In dem Disney-Film mußte man für die militärische Expedition andere Pferde nehmen. Für die nervösen Prinzen aus der
Reitschule war die Filmarbeit zuviel.

[401 Wörter]
Nach Artikeln in deutschen und österreichischen Zeitungen

wir haben ihm zu danken

eine genetische Kategorie

männliche Pferde (♂)

Übung und Besprechung

A Ein Zugtier ist ein Tier, das etwas zieht. Ein Reittier ist ein Tier, auf dem man reiten kann. Können Sie sagen, was das hier für Tiere sind?

1. ein Tragtier
2. ein Zirkustier
3. ein Muttertier
4. ein Jungtier
5. ein Haustier (Kuh, Schwein, Pferd, Katze, Hund usw.)
6. ein Waldtier
7. ein Lieblingstier
8. ein Stinktier

B Eine Fahrschule ist eine Schule, in der man Autofahren lernt. Können Sie sagen, was das hier für Schulen sind?

1. eine Reitschule
2. eine Tanzschule
3. eine Kunstschule
4. eine Fliegerschule
5. eine Abendschule
6. eine Sommerschule
7. eine Sportschule
8. eine Baumschule (?!)

C Was bringt Ihnen das ein? Viel Geld, viel Freude, noch mehr Arbeit? Prestige, größere Chancen im Beruf, lauter negative Reaktionen? Oder absolut nichts?

1. Mein Gitarrespiel bringt mir Geld und Kontakt mit anderen Menschen ein.
2. Meine politischen Ambitionen . . .
3. die Arbeit an der Bar
4. meine Freundlichkeit
5. meine Zeitungsartikel
6. meine Sportrekorde
7. dieser Sprachkurs

D Im Text steht es etwas anders. Wissen Sie noch, wie?

1. *Der* Staat *verdient* sogar viel Geld *damit.*
2. Tradition *ist* hier *sehr wichtig.*

3. Die Lipizzaner *symbolisieren die* alte und reiche Kultur.
4. Die Reiter *tragen* immer Uniform.
5. *Es ist verständlich,* daß Walt Disney einen Film über sie *gedreht* hat.
6. Dem General *haben wir dafür* zu danken.
7. 1945 ist die Rasse beinahe *ausgestorben.*
8. In der Reitschule kann man nur *männliche Pferde* brauchen.
9. Er wollte, daß seine Tiere *nicht getrennt werden.*
10. Eine Kunst, die es auf der ganzen Welt *kein zweites Mal* gab.
11. Patton riskierte seine *Stellung* als General.
12. Nachdem *es* dort keine russischen Soldaten mehr *gab.*

E Fragen zum Text

1. Wieviel teurer als andere Kulturinstitute ist die Reitschule?
2. Was geschieht in der Reitschule? Wofür zahlen die Touristen so viel Geld?
3. Warum sind die Lipizzaner vielen Österreichern so wichtig?
4. Warum wohl hören es manche junge Österreicher nicht gern, wenn Ausländer immer von den Lipizzanern reden wollen?
5. Warum ist es kein Wunder, daß Disney einen Film über sie gemacht hat?
6. Was hat Patton mit den Lipizzanern zu tun?
7. Wo leben die Muttertiere, und warum sind sie wichtig?
8. Was wollte der Direktor am Kriegsende?
9. Was sah Patton, als er zu den Lipizzanern kam?
10. Was sagte er darauf?
11. Warum brauchte der Direktor seine Hilfe?
12. Wie hat Patton ihm geholfen?
13. Wann kamen die Pferde wieder nach Wien?
14. Warum mußte man im Film andere Pferde nehmen?

26

Vater, alleinstehend,° zwei Kinder

ohne Partner

Wenn Willy R. (45) abends nach Hause kommt, hat er seinen Arbeitstag als Ingenieur hinter sich — und einen zweiten als Vater vor sich. Er bringt die Wohnung in Ordnung, stoppt eine laute Diskussion seiner Söhne, kocht das Abendessen, und später sortiert er Wäsche.

Morgens bringt er den zehnjährigen Sebastian zur Schule und kommt deswegen immer eine halbe Stunde zu spät zur Arbeit. Aber sein Chef weiß warum, und Willy R. arbeitet schnell. Seit der Scheidung° vor acht Jahren lebt er mit seinen zwei Söhnen allein. Nach der Mutter fragen die Jungen fast nie.

wenn man geschieden wird

Auch der Schriftsteller° Gabriel L. (45) ist geschieden. Sechs Jahre sind er und sein Sohn nun allein — und glücklich. "Ich

Autor

sehe nicht, warum ein Mann in meiner Situation heiraten soll.
Wenn man ein Kind hat, ist man eine Familie, ist man nie mehr
allein. Mein Sohn ist für mich fast so gut wie eine Frau.''

Der Elektriker Siegfried B. (33) denkt anders. "Eine Frau
muß ins Haus. Die muß im Haushalt nicht so perfekt sein wie
ich, die muß nur viel guten Willen mitbringen.'' Vor fünf
Jahren haben seine Kinder die Mutter verloren. Er meint, ihnen
fehlt etwas Wichtiges.

167.000 alleinstehende Väter gibt es in der Bundesrepublik. Die meisten haben es leichter als Frauen in der gleichen Situation. Sie verdienen in allgemeinen besser. Familie
und Freunde helfen gern. Und: Als Männer dürfen sie nicht
lamentieren, also tun sie einfach ihre Arbeit. Den Kindern
scheint° die Mutter nicht sehr zu fehlen.   es sieht so aus

Diese Väter kennen aber auch eine andere Seite. Sie müssen
abends immer zu Hause sein, und am Sonntag wartet die
Hausarbeit, für die während der Woche keine Zeit war. Ihnen
fehlen Parties, Freunde, Reisen, "mal was andres''. Aber ihre
Kinder möchten sie dafür nicht aufgeben.

[292 Wörter]
Nach einem Artikel von Christine Brinck in der *Zeit*

Übung und Besprechung

A Muß ich nicht, oder darf ich nicht?

1. Ich möchte mit nach Amsterdam, aber mein Vater läßt mich nicht. → Ich darf nicht.
2. Ich gehe diese Woche nicht zum Arzt, weil ich nicht will.
3. Rauchen verboten!
4. Das Instrument nicht fallen lassen!
5. Bitte schön, Sie brauchen nicht mitzukommen.
6. Bei uns wollen Sie wohnen? Das geht leider nicht.
7. Zum letztenmal: Rede nicht mit vollem Mund!

B Was ist das?

1. Werktag	6. Muttertag
2. Arbeitstag	7. Vatertag
3. Feiertag	8. Zahltag
4. Geburtstag	9. Schultag
5. Sonntag	10. Namenstag

C Können Sie sagen (nicht schreiben), was man alles waschen, putzen, saubermachen muß? Hier sind ein paar Beispiele:

1. *Wäsche:*		2. *Geschirr u. Besteck:*	
	Hemden		Teller
	Strümpfe		Töpfe
	Tischtücher		Kaffeetassen
	Waschlappen		Gabeln
	Unterhosen		Untertassen
	. . .		. . .

3. *Räume:*		4. *anderes:*	
	Küche		Fenster
	Badezimmer		Spiegel
	Korridor		Badewanne
	Treppe		Kühlschrank
	Kinderzimmer		Schuhe
	. . .		. . .

D Fragen zum Text

1. Was sind die drei Väter von Beruf?
2. Was tut Willy R. alles am Abend?
3. Warum kommt er zu spät zur Arbeit, und was meint sein Chef dazu?
4. Was sagt Gabriel L. zu seiner Situation?

5. Was sagt Siegfried B. über die Frau, die er sucht?
6. Worin denkt Siegfried B. anders als die beiden anderen?
7. Warum haben alleinstehende Väter es oft leichter als alleinstehende Mütter?
8. Was wartet am Sonntag auf die Väter?
9. Was fehlt ihnen bei diesem Leben?

E Ganz große Aufgaben

1. Willy R. erzählt einer Kollegin, was er gestern abend getan hat.
2. Die laute Diskussion der beiden Söhne.
3. Schreiben Sie die Zeitungsannonce, mit der Siegfried B. eine neue Frau sucht!
4. Warum gibt es in den USA so wenig alleinstehende Väter, und ist das gut so?

27

Lotto°

wie Lotterie; Spieler soll
6 richtige Zahlen nennen

Er ist Maurer,° der 26jährige Dieter F. aus Hamburg (Name geändert). Gestern kam er mit seiner Frau Heidi (23) aus dem Urlaub in Spanien zurück. DM 546 pro Person hatte die Reise gekostet, und jetzt waren noch 94 Pfennig da. Dabei° war Dieter F. schon Millionär, aber das wußte er noch nicht.

Er baut Mauern, Wände, Häuser aus Stein und Zement

andererseits; zur selben Zeit

Die Koffer° standen noch in der kleinen Zwei-Zimmer-Wohnung (DM 310 pro Monat), und Frau Heidi legte schon Spaghetti ins Wasser, da stand ein Herr an der Tür, lächelte und sagte: "Guten Tag, ich möchte dem jüngsten Hamburger Millionär gratulieren.° Darf ich hereinkommen?"

Reisegepäck

Glück wünschen zum Gewinn

Er durfte. Langsam verstanden die jungen Leute, wie sehr sich ihr Leben geändert hatte: "Jetzt können wir endlich an Kinder denken und uns ein Haus kaufen. Und arbeitslos kann Dieter auch nicht mehr werden!"

Jede Woche hatte der Maurer Lotto gespielt und 6 aus 49 Zahlen angekreuzt.° Jetzt bekam er einen Scheck über DM 1.119.611,65.

mit einem X markiert

Glauben Sie nicht, daß diese Geschichte einmalig ist! Sie passiert heute noch einmal. Denn heute kommt der 46jährige Arbeiter Albert B. (Name geändert) aus Italien zurück. Auch auf ihn und seine Familie warten DM 1.119.611,65, und er weiß es noch nicht.

Lotto ist ein Nationalspiel. Jede Woche spielen in der Bundesrepublik über 20 Millionen Menschen mit. Sie zahlen zusammen 70 Millionen Mark ein, und von Woche zu Woche wächst die Summe.

50% davon werden an die Lottospieler ausgezahlt, und 38,6% gehen an den Staat. Der Staat gibt 22% für soziale, kulturelle und vor allem sportliche Aufgaben aus.

Von dem Geld für die Spieler wird ein Drittel an die verteilt, die alle 6 Zahlen richtig angekreuzt haben (und das sind immer nur wenige Leute). Das zweite Drittel geht an die mit 5 richtigen Zahlen und das letzte an die mit nur 4 "Richtigen".

Ob die Millionäre glücklich werden? Von Zeit zu Zeit liest man in der Zeitung, wie in diesem oder jenem Land Europas ein Lotto-Millionär Geld, Glück und Freunde verliert. Ja, das Geld kann sogar zu Mord° und Selbstmord führen. Aber die meisten Leute, die im deutschen Lotto mehrere hunderttausend Mark bekommen haben, sagen noch nach Jahren, daß ihr Leben durch das Geld glücklicher geworden ist (98%!).

einen Menschen töten

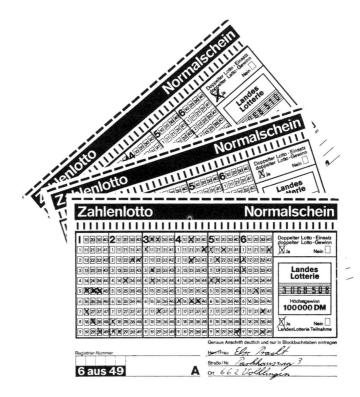

Das ist nicht in allen Ländern so. Nachdem die deutschen Lotto-Millionäre durch Radio oder Fernsehen von ihrem Glück gehört haben, müssen sie erst noch elf Tage auf ihr Geld warten: sie sollen erst wieder ruhiger werden. Die Lotto-Organisation hilft ihnen schon in dieser Zeit mit einem Team von Finanzspezialisten.

Ganz besonders wichtig ist es, daß niemand davon hört. Fernsehen, Radio, Zeitung und auch die Organisation selber geben die Namen nicht bekannt. So können die neuen Millionäre in aller Ruhe ihre ersten Pläne machen.

Ist eine Million genug für ein ganzes Leben? Nicht immer, besonders dann nicht, wenn man nicht mehr arbeiten will, das Geld in sicheren Papieren (und daher mit kleinen Dividenden) investiert und außerdem noch jung ist. Von den Dividenden kann man wegen der Inflation bald nicht mehr leben, und so gibt man am Ende auch das Kapital aus. Auch Dieter F. und Albert B. werden mit ihrem Geld arbeiten müssen.

[522 Wörter]
Zum Teil nach einem Artikel von Wolfgang Windel
in der *Bildzeitung*

Übung und Besprechung

A Wir haben eine hilfreiche Nachbarin. Wobei hilft sie uns? Beim Bilder-aufhängen / beim Blumenschneiden / beim Essen / beim Briefeschreiben nach Dänemark / beim Saubermachen / beim Kuchenbacken / beim Planen unserer Ferienfahrt / beim Einkaufen / beim Singen des Geburtstagsliedes . . .

1. Mit ihrer Blumenschere hilft sie uns beim . . .
2. mit ihrem dünnen Sopran . . .
3. mit ihrem guten Appetit . . .
4. mit zwanzig Mark . . .
5. mit einem Hammer . . .
6. mit Seife und Bürste . . .
7. mit ihrem geographischen Wissen . . .
8. mit ihrem Dänisch . . .
9. mit drei Eiern und einem Pfund Butter . . .

B Können Sie diese Wörter erklären oder in einem Satz gebrauchen?

1. Maurer
2. Millionär
3. Koffer
4. einmalig

5. Scheck
6. Mord
7. Dividende
8. Inflation

C Wieviel Prozent ist das?

1. die Hälfte
2. ein Drittel
3. ein Viertel
4. zwei Drittel

5. ein Zehntel
6. ein Fünfzigstel
7. ein Zweihundertstel

D Im Text steht es etwas anders. Erinnern Sie sich, wie?

1. Gestern *kehrte* er aus dem Urlaub zurück.
2. Aber das *war ihm* noch nicht *bekannt.*
3. Ich möchte *den* Millionär *beglückwünschen.*
4. *Das Gepäck* stand noch in der Wohnung.
5. Langsam *wurde es den* jungen Leuten *klar.*
6. . . . wie sehr ihr Leben *anders geworden war.*
7. Die Geschichte *geschieht* heute noch einmal.
8. *Jede* Woche *wird* die Summe *größer.*
9. 38,6% *bekommt der* Staat.
10. *Ab und zu* liest man es in der Zeitung.
11. *Einem* Millionär *gehen* Geld, Glück und Freunde *verloren.*
12. Sie sagen es noch *Jahre später.*
13. Sie sollen *sich* erst wieder *beruhigen.*
14. Die Lotto-Organisation *steht* ihnen mit Spezialisten *bei.*
15. Die *Massenmedien* und auch die Organisation geben die Namen nicht bekannt.

E Fragen zum Text

1. Was für ein Mann hat die Million bekommen?
2. Was wissen Sie von seinem Urlaub?
3. Was wissen Sie von seiner Wohnung?
4. Was tat der Herr an der Tür?
5. Wie hat sich das Leben der beiden jungen Leute geändert?
6. Wie spielt man Lotto?
7. Wieso ist die Geschichte von Heidi und Dieter F. nicht einmalig?
8. Wieso kann man Lotto ein westdeutsches Nationalspiel nennen?
9. Wieviel Geld bekommt der Staat, und was tut er damit?

10. Wie werden die 50% an die Spieler verteilt?
11. Was steht von Zeit zu Zeit in der Zeitung?
12. Wer glaubt noch nach Jahren, daß er durch das Lottogeld glücklicher geworden ist?
13. Welche Rolle spielen die ersten elf Tage für die neuen Millionäre?
14. Wie wird es möglich, daß sie in aller Ruhe ihre ersten Pläne machen?
15. Wann ist eine Million wahrscheinlich nicht genug?
16. Welche Rolle spielt dabei die Inflation?

F Ganz große Aufgaben

1. Nach welchem System werden die siebzig Millionen Mark verteilt?
2. Ein Mann erzählt, wie er mit seiner Million unglücklich wurde.
3. Was ich mit einer Million Mark tun würde.

Der Größte **28**

Wie wird man in der Welt ein großer Mensch? Man muß wohl bestimmte Qualitäten haben und auch sehr viel Glück, und vor allem muß man fest an sich selber glauben.

Als Napoleon Europa dominierte und als dann sein Glück zu Ende ging, träumte ein Schweizer Junge davon, auch einmal ein großer Mann zu werden, mit Uniform, Geld und vielen Freunden. Der Junge glaubte fest, "etwas Besseres" zu sein. Sein Vater war aber nur ein Vorarbeiter,° und in der Schweiz mußte dieser soziale Status der Verwirklichung° des Traumes im Wege stehen.

Nachdem er aus der Schule gekommen war, lernte er drei Jahre lang in der Stadt Basel, wie man Bücher produziert und verkauft. Ach, Basel war keine Metropole und kein guter

° Er führt ein Team von Arbeitern

° Realisierung

Start für ein Leben, wie er es sich erträumte. Mit zwanzig Jahren kam er dann in eine *noch* kleinere Stadt, nach Kandern; dort hat er Kleider verkauft.

Jetzt sah er, wie wichtig die richtigen Kleider sind. Er las viel, vor allem Bücher über andere Länder und über das Leben der Großen. Er wußte: er gehörte zu ihnen.

Er muß ein charmanter junger Mann gewesen sein, und er sah gut aus, aber in so einem glücklichen Attribut liegt manchmal Unglück: Ein Mädchen hat er so charmiert, daß es seine Frau wurde und schon am nächsten Tag sein erstes Kind bekam.

Nun ging es ihm wirklich schlecht. Er verkaufte jetzt Lebensmittel.° Seine Frau hatte keinen Vater mehr, und ihre Mutter liebte den Schwiegersohn° nicht. Aber die alte Frau hatte etwas Geld und mußte helfen, und der junge Mann wollte arbeiten und machte große Pläne. Mit fünfundzwanzig Jahren machte er ein Kleidergeschäft auf,° zusammen mit seinem Bruder und einem anderen jungen Mann.

Seine Träume waren dabei größer als seine Finanzen. Die Stadt war viel zu klein für so ein Geschäft, seine Familie wurde immer größer, und die extravagantesten Kleider kaufte der junge Chef für sich selber. Dann wurde der Bruder krank, der andere Partner absentierte sich und nahm das meiste Geld mit, und nach drei Jahren war unser charmanter Träumer bankrott.

Für ihn war das vielleicht kein Unglück. Er wartete nicht auf die Polizei, sondern ging in der Nacht nach Amerika. Frau und fünf Kinder ließ er ohne Geld in der Schweiz zurück, aber seine schönen Kleider nahm er mit.

In Amerika werden Träume Wirklichkeit. Er wohnte in St. Louis und hieß nicht mehr Johann August, sondern John A., ein früherer Offizier der Schweizer Armee, wie er sagte, und noch einiges mehr. Als kleiner Entrepreneur fuhr er zu den Farmen in Missouri und wurde "Captain" genannt. Sein Leben lang haben ihm die Leute geglaubt. Er hatte so schöne blaue Augen und war sicher ein Gentleman.

Gutes Essen und Trinken liebte er sehr, und immer mußte er Freunde um sich haben. Er brauchte viel Geld, und immer auch fand er jetzt Menschen, die es ihm gaben, für einen immer neuen großen Plan. Er selber glaubte fest an sich, er war ja etwas Besseres.

was man essen kann

Mann der Tochter

aufmachen (hier) = beginnen

Bei einer Geschäftsexpedition von St. Louis nach Santa Fe, die er organisiert hatte, verloren alle seine Partner ihr Geld, und so mußte er fort aus St. Louis. Er ging nach Westport (Kansas City), und ein Jahr später war er auch dort bankrott. Auf nach Westen!

Auf dieser Fahrt begann sein Komet zu leuchten.° Wohin er kam, erzählte er aus seinem fiktiven Leben und von seinen Projekten. Man half ihm überall und schrieb auch Briefe für diesen brillanten und charmanten Besucher: an Pastoren, Offiziere, Konsuln, Gouverneure usw., die er dann besuchte und von denen er weitere Briefe bekam. Mit seiner reichen Kollektion von Referenzen kam er schließlich nach Vancouver und von da sogar nach Honolulu. Dort wollte der König° von Hawaii den eleganten ''Schweizer Offizier'' zum Armeeminister machen!

Licht geben

Monarch

Er sagte nein und fuhr nach Kalifornien. In dieser mexikanischen Provinz lebten ungefähr fünfzigtausend Indianer und am Ozean fünftausend Weiße. Der neue Mann aus Honolulu brachte einen grandiosen Plan: Am Sacramento, mitten unter den wilden Indianern, wollte er eine Kolonie bauen — und er hat sie gebaut! Es ist eine phantastische aber wahre Geschichte.

Mexiko gab ihm das Land, die Indianer arbeiteten für ihn, die Weißen gaben ihm wie immer Geld, und nun wurde er in wenigen Jahren wirklich der Größte: Kolonisator, Millionär (oft nahe am Bankrott), richtiger (aber schlechter) General, Helfer der neuangekommenen Nordamerikaner, ein weltbekannter Mann, der Vater des Westens. Fiktion und Realität waren eins geworden. Man sagt, daß so etwas in Kalifornien noch heute möglich ist.

Eines Tages wurde bei seiner Kolonie Gold gefunden: 1849. In diesem Glück lag wieder sein Unglück. Zu vielen Tausenden kamen die Menschen in sein Land; sie wollten Gold, nicht Arbeit. Kalifornien war jetzt ein Staat der amerikanischen Union. Seine Lebensfreude, seine vielen (und oft falschen) Freunde, die Goldsucher und zuletzt die unschönen Methoden der USA waren zuviel für ihn. Er verlor alles außer seinem guten Namen. Mit fünfzig Jahren war er am Ende, mit siebenundsiebzig ist er gestorben.

In Sacramento hat man sein Fort rekonstruiert und eine Touristenattraktion daraus gemacht. Seinen Namen kennen die Amerikaner noch heute, aber von seinen Anfängen wissen sie nichts: Johann August Sutter oder Don Juan Augusto oder General John A. Sutter, der Besitzer von "Sutter's Mill", wo der Goldrausch° begonnen hat. Wohl der größte Schweizer in Amerika.

Rausch = Elation, Ekstase, Verwirrung (z.B. durch Alkohol)

[868 Wörter]

Übung und Besprechung

A Wie man mit der Vorsilbe "er-" auf ein Resultat zeigen kann

1. Er *träumte* und *träumte*, bis er ein schönes Leben für sich sehen konnte: Er hat sich ein schönes Leben erträumt.
2. Die junge Dame *arbeitete* und *arbeitete*, bis sie den Platz eines Direktors bekam: Sie hat sich den Platz . . .
3. Die beiden Leute *sparten* ihr Leben lang Geld, bis sie eine halbe Million Mark hatten: Sie haben sich die halbe Million . . .
4. Er ist ein sehr guter Schwimmer, er *schwimmt* schneller als alle anderen, und auf der Olympiade hat er sich zwei Goldmedaillen . . .
5. Die ganze Nacht habe ich an unser Problem *gedacht*, und ich habe einen neuen Plan . . .
6. Jahrzehntelang hat er in seinem Büro *gesessen*, ohne viel zu tun, und er hat sich den Posten eines Vizepräsidenten sozusagen . . . Erarbeitet hat er ihn sich nicht!

B Können Sie sagen (nicht schreiben), was man alles suchen kann? Hier sind ein paar Beispiele, aber Sie können auch andere nennen.

1. Gold kann man suchen.
2. Arbeit kann man suchen.
3. das Glück
4. ein weniger teures Restaurant
5. meine Schuhe
6. meine Handschuhe
7. meine Sonnenbrille
8. mein Scheckbuch
9. ein Buch
10. einen Sitzplatz
11. ein Haus
12. den Haustürschlüssel
13. unseren Hund
14. einen Menschen
15. einen Bleistift
16. das Fernsehprogramm
17. Ostereier
18. eine kleinere Wohnung
19. ein Wort
20. einen Gebrauchtwagen

C Wahrscheinlich war das alles so.

1. Wahrscheinlich war das so. → Das muß so gewesen sein.
2. Wahrscheinlich war er ein charmanter junger Mann. → Er muß . . .
3. Wahrscheinlich ist Michelangelo sehr alt geworden.
4. Wahrscheinlich ist die Uhr stehengeblieben.
5. Wahrscheinlich hat meine Kollegin verschlafen.
6. Wahrscheinlich war meine Großtante damals schon krank.
7. Wahrscheinlich hat der Hund sich überfressen.
8. Wahrscheinlich haben die Wikinger den Weg nach Amerika gefunden.
9. Wahrscheinlich war der Moselwein den Römern zu sauer.

D Das kann man auch anders sagen (Übung C): Ich nehme an, daß das alles so war.

1. Wahrscheinlich war das so. → Ich nehme an, daß das so war.
2. Wahrscheinlich war er ein charmanter junger Mann. → Ich . . .
3. . . .

E Großvater erzählt aus seinem Leben — und zwar von welchen Details?

Von seiner ersten Liebe / von den fünf Elefanten / von dem Gespräch mit dem General / von der Arbeit am Atomreaktor / von den Maikäfern / von dem neuen Lehrer und den weißen Mäusen / von den Erzählungen *seines* Großvaters / von seiner ersten Autofahrt . . .

1. Großvater erzählt aus seiner Kindheit, und zwar von . . .
2. Er erzählt aus seiner Schulzeit.
3. Er erzählt aus seiner Militärzeit.
4. aus seinem Beruf
5. aus seiner Afrikazeit

F Fragen zu Sutters Schweizer Jahren

1. Wie wird man in der Welt ein großer Mensch?
2. Zu welcher Zeit fängt unsere Geschichte an?
3. Wovon träumte der Junge?
4. Was hat er in Basel getan?
5. Was hat er in Kandern alles getan und gelernt?
6. Wieso war es ein Unglück, daß er so charmant war?
7. Was wissen Sie von seiner Schwiegermutter?
8. Wer waren seine Partner bei dem Kleidergeschäft, und was ist aus ihnen geworden?
9. Aus welchen anderen Gründen ging das Kleidergeschäft bankrott?
10. Was tat der junge Chef nach dem Bankrott?

G Fragen zu Sutters Amerikazeit

1. Als was für einen Menschen kannten ihn die Leute in St. Louis?
2. Warum haben ihm die Menschen sein Leben lang geglaubt?
3. Warum brauchte er immer viel Geld, und wie bekam er es?
4. Warum mußte er fort aus St. Louis?
5. Was taten die Leute auf seinem Weg nach Westen für ihn?
6. Bis wohin kam er mit seinen Referenzen, und was ist ihm dort passiert?
7. Was wissen Sie von dem Kalifornien jener Jahre?
8. Was für einen Plan brachte der neue Mann mit?
9. Wie ist der Plan Wirklichkeit geworden?
10. Jetzt war er ''der Größte'', aber was heißt das?
11. Was geschah 1849?
12. Wodurch hat er alles außer seinem guten Namen verloren?
13. Was wissen Sie von seinem späteren Leben?
14. Was hat man später in Sacramento getan?

H Ganz große Aufgaben

1. Sutters Frau erzählt.
2. Was wissen Sie vom Goldrausch von 1849?

29

Vom Duzen°

"du" sagen

Ein Viertel aller Erwachsenen° in der Bundesrepublik sagt schon nach kurzer Bekanntschaft du, 41 Prozent wollen Distanz, und das letzte Drittel gibt keine allgemeine Antwort. Junge Leute unter 30 sind schneller per du als ältere — und Männer zweimal so oft wie Frauen. Was halten° Sie vom Duzen?

Kurt Haack, 46: "Ich duze mich nur mit guten Freunden und Bekannten. Am Arbeitsplatz bin ich vorsichtig mit dem Du. Mein früherer Chef hat mir das Du angeboten,° aber ich habe nein gesagt. Wie sieht das aus, wenn man seinen Chef duzt? Hier muß man Distanz halten."

Hannelore Winter, 36, Hausfrau: "Das schnelle Duzen mag ich nicht. Aber meistens kann man nicht anders, auf Parties oder im Sportklub zum Beispiel. Da sagen schon alle du zueinander, wenn man hinkommt, und man bleibt ein Außenseiter, wenn man nicht mitmacht. Das Du bringt die Menschen einander nicht näher. Für die meisten ist es nur eine Formalität."

Gerhard Henke, 37, Arbeiter: "Es kann passieren, daß man beim Bier anfängt, jemanden zu duzen, aber später ist es den Leuten dann gar nicht recht.° Und warum soll ich mich mit dem Chef duzen? Er ist eine Respektsperson, da ist das Du nicht am Platz."

nicht mehr Kind

denken

offeriert

sie mögen es nicht

132

Gisela Buddée, 31, Journalistin: "Ich duze mich relativ schnell mit Leuten, die ich mag, nicht nur privat, weil dadurch die Atmosphäre persönlicher wird. Menschen in meinem Alter frage ich gar nicht erst, ob ihnen das Du recht ist. Durch ein Sie bekomme ich auch nicht die Distanz, die man beim Du nicht halten kann, und auch nicht den Respekt vor Höhergestellten."

Hildegard Krekel, 23, Schauspielerin°: "Ein privates Du ist etwas Besonderes für mich. Im Theater ist das anders, da sagt man schneller du, weil man sich in relativ kurzer Zeit näherkommen muß. Das Du macht die Arbeit leichter. Manchmal passiert es, daß man sich dann später wieder siezt.° Ganz allgemein glaube ich, daß Siezen am Anfang besser ist, weil man dann den anderen erst besser kennenlernen muß." Sie spielt Theater

"Sie" sagt

Dr. Norbert Kohl, 36, Universitätsdozent°: "Ich hätte nichts dagegen, wenn wie im Englischen allgemein das Du gebraucht würde. Dazu müßte die deutsche Sprache aber stark verändert werden, und das ist wohl nicht möglich." noch nicht Professor

[358 Wörter]
Nach Leserantworten in *Brigitte*

Übung und Besprechung

A **Einige Wörter mit der Nachsilbe "-schaft" kennen Sie schon. Können Sie die richtige Erklärung auch für die neuen finden?** Landschaft / Bekanntschaft / Kameradschaft / Freundschaft / Feindschaft / Herrschaft / Gewerkschaft / Gemeinschaft / Arbeiterschaft / Mannschaft / Gesellschaft. (Sie sind alle feminin.)

1. Das Land um mich, wie es aussieht, sein Typ.
2. Wenn Leute sich kennen, aber nicht so gut wie Freunde.
3. Was Freunde zusammenhält.
4. Wenn jemand Herr ist über etwas.
5. Alle Arbeiter einer Firma oder eines Landes.
6. Die organisierten Arbeiter einer Firma oder einer Industrie.
7. Wenn Menschen nicht Freunde sind, sondern Feinde.
8. Eine soziale oder geschäftliche Gruppe.
9. Wenn Menschen Kameraden sind.
10. Wenn Menschen etwas gemeinsam haben oder sind.
11. Ein Team von Sportlern oder von Leuten, die zusammen auf einem Schiff arbeiten usw.

B **Kann er was dafür, oder kann er nichts dafür?**

1. Oedipus hat seine Mutter geheiratet.
2. Der Junge hat sein Vanilleeis im Auto fallen lassen.
3. Das Stinktier stinkt.
4. Dieser junge Mann kommt immer zu spät.
5. Gelernt hat sie es immer noch nicht. Ist sie faul oder dumm?
6. Das Auto ist kaputt; der Fahrer hatte zuviel getrunken.

C **Schreiben Sie fünf Fragen, die anfangen mit: "Hätten Sie etwas dagegen, wenn . . . "** Stellen Sie diese Fragen anderen Studenten!

D **Halt! Was wissen Sie von dem Verb "halten"? Können Sie die richtige Erklärung (wie sie unten steht) geben, ohne ins Buch zu sehen?**

1. Im Büro muß man Distanz halten.
2. Vom Duzen unter Kollegen halte ich nichts.
3. Der Wagen hält.
4. Halt den Mund!
5. Ich wollte, wir könnten Reitpferde halten.
6. Wenn ich mal eine Zigarette rauche, hält mein Vater immer eine lange Rede.
7. Halt bitte mal den Hammer!

8. Die Brücke hält, wenn der Tanker mit ihr kollidiert.
9. Das schöne Wetter hält sich.
10. Butter hält sich nicht, wenn es so warm ist.
11. Ohne Zigaretten halte ich es nicht aus.

Hier sind die Erklärungen; nicht alle sind ganz genau:

1. Im Büro muß man auf Distanz bleiben.
2. Vom Duzen unter Kollegen habe ich keine gute Meinung.
3. Der Wagen bleibt stehen.
4. Sei still!
5. Ich wollte, wir könnten Reitpferde als Haustiere haben.
6. Dann bekomme ich einen langen Sermon von meinem Vater zu hören.
7. Darf ich dir mal kurz den Hammer geben?
8. Die Brücke bleibt ganz, wenn der Tanker mit ihr kollidiert.
9. Das schöne Wetter bleibt.
10. Butter bleibt nicht eßbar, wenn es so warm ist.
11. Ohne Zigaretten kann ich nicht leben.

E Auch andere Menschen schreiben jetzt Leserbriefe übers Duzen. Können Sie diese Briefe schreiben?

1. ein Armeeoffizier
2. eine Kommunistin
3. ein älterer Herr
4. ein sechzehnjähriges Mädchen
5. ein Barfräulein

30

Die dreizehnjährige Heike
Hornschuh erzählt
einer Reporterin
von ihren
Erfahrungen,
Plänen und
Gedanken

Warum Heike nicht auf dem Gymnasium ist

Heike denkt an die Zeit zurück, als sie zehn Jahre alt wurde. Damals° stand sie wie die meisten Kinder vor der Alternative Hauptschüler (und später Lehrling) oder höherer Schüler (und dann wohl Student).

    zu der Zeit

Die höhere Schule oder das "Gymnasium", wie Heike sagt, ist für sie und andere Arbeiterkinder Teil einer unbekannten Welt, Attribut einer Sozialgruppe, zu der sie nicht gehören wollen:

Als ich ins vierte Schuljahr ging, hieß es°: "Entweder bleibt ihr auf dieser Schule, oder ihr geht auf das Gymnasium." Aufs Gymnasium wollte ich nicht.

    hörte ich; sagte man

Ich hätte das vielleicht gekonnt, ich war ja ganz gut in der Schule, aber da hörte ich, daß man auf dem Gymnasium bessere Kleider tragen muß. Meine Oma° erzählte mir, daß man dann zu den besseren Leuten gehört, daß man ganz sauber sein muß. Sauber war ich, aber ich wollte mit meinen Jeans zur Schule gehen. Und dann soll das Gymnasium so schwer sein und die Lehrer so komisch.°

    Großmutter

    seltsam; nicht normal

Aber dann hörte ich, daß man mit dem Gymnasium bessere Chancen im Beruf hat. Und da dachte ich doch daran, aufs Gymnasium zu gehen. Aber dann lernte ich Jungen vom Gymnasium kennen, die waren ganz blöd.° So was regt mich auf.° Und dann mit dem Direktor reden, der immer wie ein Buch spricht! Nein.

° idiotisch

aufregen = sehr nervös machen

Und was soll ein Abitur°? Ich weiß einfach nicht, wozu das gut ist. Damit kann man vielleicht Schuldirektor werden oder Arzt. Nein.

° Schlußzertifikat der höheren Schule

In unserer Klasse waren mehrere Kinder, die reiche Eltern hatten. Die gingen dann alle aufs Gymnasium. Die Eltern haben für die Kinder alles getan. Die sind mit ihren Kindern schwimmen gegangen, haben ihnen alles gezeigt und erklärt.

Und die Eltern haben sich Bücher gekauft über Mathematik, damit sie ihren Kindern helfen konnten. Und wenn die Mädchen oder Jungen eine schlechte Note nach Hause gebracht haben, haben die Eltern sich aufgeregt. Solche Eltern möchte ich nicht.

[313 Wörter]
Nach *Ich bin dreizehn* von Heike Hornschuh,
aufgeschrieben von Simone Bergmann

Übung und Besprechung

A Wissen Sie, wozu das gut ist?

1. Wissen Sie, wozu ein Regenschirm gut ist? → Ja, ich weiß, wozu ein Regenschirm gut ist: Damit kann man einen Schuh unterm Sofa hervorholen.
2. Wissen Sie, wozu Ohrringe gut sind? → Nein, ich weiß nicht, . . .
3. ein Metalldetektor
4. ein Maikäfer
5. eine Großmutter
6. ein Hammer
7. alte Zeitungen
8. eine Schiffsreise

B Regt Sie das auf?

1. ein guter Kriminalfilm
2. wenn man warten muß
3. eine Maus
4. eine Prüfung
5. ein Gespräch über Politik
6. ein Fußballspiel
7. Telefon um drei Uhr morgens
8. unfaire Kritik

Was regt Sie besonders stark auf?

C Entweder — oder! Bitte suchen Sie eine erste Hälfte zu jedem Satz!

1. Entweder gibt sie die Schlangentanzerei auf, oder ich heirate sie nicht!
2. . . . oder er geht bankrott.
3. . . . oder du läßt dir die Haare schneiden.
4. . . . oder du bleibst über Nacht bei uns.
5. . . . oder sie ist wirklich zu ihren Eltern gefahren.
6. . . . oder wir müssen uns einen neuen kaufen.
7. . . . oder wir brechen jetzt die Tür auf.
8. . . .

D Fragen zum Text

1. Vor welcher Frage stehen die meisten zehnjährigen Kinder?
2. Warum wollen viele Arbeiterkinder nicht auf die höhere Schule?
3. Was sagt Heike über die Kleider der höheren Schüler?
4. Was hat sie von ihrer Oma gehört, und was hält sie davon?
5. Warum dachte sie doch daran, aufs Gymnasium zu gehen?
6. Was sagt sie über den Direktor und die Lehrer?
7. Was sagt sie übers Abitur?
8. Wie haben andere Eltern gezeigt, daß sie sich für die Schularbeit ihrer Kinder interessieren?
9. Was haben diese ''reichen'' Eltern noch mit ihren Kindern getan?

E Eine große Aufgabe

Heikes Vater erklärt ihr beim Abendessen, daß (und warum) sie doch aufs Gymnasium gehen sollte.

Eine Frau muß gut aussehen, meint Heike

Mit ihren dreizehn Jahren braucht Heike fast nie Makeup, läßt ihre Haare lang hängen und trägt am liebsten immer Jeans. Sie denkt aber doch übers gute Aussehen nach:

Eine Frau muß gut aussehen, sonst hat sie es schwer bei den Männern. Das Wichtigste für eine Frau ist die Figur. Das Gesicht muß hübsch sein, ist aber nicht so wichtig.

Das sieht man schon an den Titelseiten von illustrierten Zeitungen: Erst zum Schluß sieht man da ihr Gesicht an. Die sehen auch alle gleich aus. Ich habe immer das Gefühl, die schon mal gesehen zu haben. Die machen alle das gleiche Gesicht: Entweder lächeln sie, oder sie träumen.

Auf ganz wenigen Titelseiten sind auch Männer zu sehen. Die sind aber alle ganz alt, haben Falten° im Gesicht und eine Glatze° und tragen feine Kleider. Manchmal lachen sie auch, damit sie jung und energisch aussehen. Die Männer sind auch meistens berühmt, wenn sie auf die Titelseite kommen, die Frauen selten. Von denen kann ich mir denken, daß sie Studentinnen sind und sich Geld dazuverdienen wollen. Oder Hausfrauen.

Falten

keine Haare auf dem Kopf

Ich finde, Frauen sehen im allgemeinen besser aus als Männer. Sie tun aber auch mehr dafür. Sie wissen, in was für Kleidern ihre Figur am besten herauskommt. Sie kaufen sich immer neue Sachen, lassen sich die Haare legen und tragen Makeup.

Ich glaube, viele Frauen machen sich schön, weil sie sich einen reichen Mann angeln° wollen. Sie wollen einen Mann, der ihnen alles kauft, was sie sich wünschen. Und dann können sie auch sagen: "Mein Mann hat Geld, er ist was Höheres als ihr." Sie meinen dann sicher, daß sie etwas Besseres sind als die Frau von einem Arbeiter.

Weil ich oft allein bin, habe ich viel Zeit, den Leuten auf der Straße zuzusehen. Da sehe ich immer, wie die Frauen

angeln

vor den Schaufenstern° stehen bleiben, um zu kontrollieren, wie sie aussehen. Alle Frauen machen das, außer so alten Omas. Die Männer gehen einfach daran vorbei.

    Die meisten Frauen freuen sich, wenn ein Mann sie ansieht oder anspricht. Aber wenn sie angesprochen werden, gehen sie einfach weiter. Vielleicht lächeln sie noch ganz kurz. Das macht sie zufrieden. So fühlen sie sich gut. Ich selber kann es nicht haben, wenn mich so alte Typen° ansehen.

Fenster, in denen ein Geschäft Waren zeigt

Männer (Teenagersprache)

[376 Wörter]
Nach *Ich bin dreizehn* von Heike Hornschuh,
aufgeschrieben von Simone Bergmann

Übung und Besprechung

A Herr und Frau Altendorf sind heute in der Stadt. Sie haben Zeit — und Geld. Was lassen sie alles machen? Geben Sie acht Beispiele!

1. Sie läßt sich die Haare legen.
2. Er läßt sich in den Klub fahren.
3. Im Restaurant lassen sie . . .

B Ich kann das nicht haben!

1. Ich kann es nicht haben, wenn mich so alte Typen anstarren!
2. Ein langes braunes Haar liegt in der Suppe.
3. Das Essen kommt kalt auf den Tisch.
4. Alle Leute reden gleichzeitig.
5. Jemand singt falsch.
6. Jemand redet schlecht über andere.
7. Ich weiß nicht, wieviel Uhr es ist.
8. Jemand fährt mit dem Fingernagel über Glas.

Können Sie zwei Dinge nennen, die Sie nicht haben können?

C Was tun diese Leute, damit sie gut aussehen?

1. ein Filmstar
2. meine Mutter
3. meine Großmutter
4. der Mann, der neben uns wohnt
5. ein Polizist
6. ein Politiker
7. meine Schwester
8. unser Pastor
9. unser Lehrer (unsere Lehrerin)
10. ich

D Fragen zum Text

1. Wie sieht Heike aus?
2. Sind Gesicht und Figur gleich wichtig?
3. Was für Gesichter haben die Frauen auf den Titelfotos?
4. Wie sehen die Männer auf den Titelfotos aus?
5. Sind auf den Titelbildern die Frauen so berühmt wie die meisten Männer?
6. Was tun die Frauen für ihr Aussehen?

144

7. Wozu machen viele Frauen sich schön (meint Heike!)?
8. Wozu wollen Frauen einen reichen Mann?
9. Was sieht Heike, wenn sie den Leuten auf der Straße zusieht?
10. Was für Leute kontrollieren ihr Aussehen nicht?
11. Worüber freuen sich die meisten Frauen, und wie reagieren sie darauf?

E   Ganz große Aufgaben

1. Wie sieht (sah) Ihr Großvater aus?
2. Wie werden Sie mit 65 aussehen?
3. Eine emanzipierte ältere Freundin (die Reporterin?) sagt Heike, daß sie über diese Dinge doch anders denken sollte.

Was Heike werden will

Mein Vater und meine Oma sagen immer: "Kind, du mußt was lernen, damit du später nicht als Scheuerfrau° gehen mußt." Da habe ich gedacht, ich gehe zur Bank. Dann kann ich später überall in einem Büro arbeiten. Auch wenn ich mich vielleicht scheiden lasse, finde ich dann immer eine Arbeit.

Sie macht Wohnungen sauber

Aber dann dachte ich, daß mir der Bankberuf zu langweilig wird, und da wollte ich in ein Reisebüro. Dort würde ich Reisen zusammenstellen, telefonieren und Briefe schreiben oder so. Aber genau weiß ich das nicht.

Oder Boutiquen-Besitzerin. Da würde ich immer neue Kleider tragen. Aber den ganzen Tag in einem Geschäft sitzen, das will ich auch nicht. Da kommen die Leute und reden immer, daß ihnen dies oder das nicht gefällt. Nein, das ist nichts für mich; solche Leute regen mich auf.

Am liebsten würde ich Stewardeß werden. Aber ich weiß nicht, ob ich das kann. Da muß man so viele Sprachen können. Da würde ich viele Länder sehen und würde sicher auch interessante Männer kennenlernen. Und manchmal, wenn da so alte Leute wären, müßte ich denen helfen. Und wenn jemand Hunger hat, würde ich was zu essen bringen.

In den Zeitungen steht ja immer, daß das ein Traumberuf ist, und die Mädchen auf den Fotos sehen aus, als ob sie immer Ferien hätten. Aber mein Vater meint: "Die sehen von der Welt nur die Flughäfen° und müssen immer nur bedienen.°" Außerdem wird mir ja schon beim Autofahren schlecht°; im Flugzeug ist das sicher noch weniger schön.

wo Flugzeuge landen

Essen servieren, saubermachen usw.

sich nicht gesund fühlen

146

Oft wünsche ich mir ein Leben wie mein Onkel. Der ist schon 28 Jahre alt, arbeitet bei der Bank und ist unverheiratet. Auf der einen Seite möchte ich so meine Freiheit behalten, und auf der anderen will ich heiraten und Kinder haben. Ich mag Kinder so gerne.

Da werde ich doch lieber Säuglingsschwester.° Und wenn ich mal Kinder habe, kann ich die dann zur Arbeit mitnehmen, weil es in den Krankenhäusern meistens auch Kindergärten gibt.

Schwester = arbeitet im Krankenhaus; **Säugling** = ganz kleines Baby

[327 Wörter]
Nach *Ich bin dreizehn* von Heike Hornschuh,
aufgeschrieben von Simone Bergmann

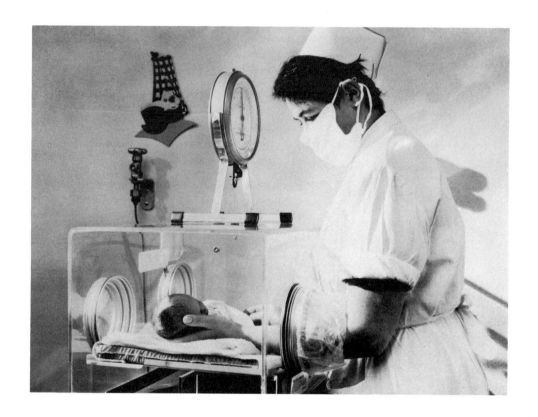

Übung und Besprechung

A Wird Ihnen davon schlecht?

1. Vom Rauchen. → Nein, vom Rauchen . . .
2. vom zuvielen Essen
3. von drei Gläsern Wein
4. beim Fliegen
5. bei dem heißen Wetter
6. beim Nach-unten-Sehen aus großer Höhe

Wobei oder wovon wird Ihnen manchmal schlecht?

B Wollen Sie das werden oder nicht werden? Unten finden Sie zwei lange Listen mit möglichen Antworten.

1. Journalist(in)
2. Steward(eß)
3. Pilot(in)
4. Arzt (Ärztin)
5. Tierarzt (Tierärztin)
6. Gärtner(in)
7. Kindergärtner(in)
8. Sekretär(in)
9. Automechaniker(in)
10. Straßenbauarbeiter(in)
11. Politiker(in)
12. Professor(in)

Ja: Ich arbeite gern mit anderen Menschen.
    Ich arbeite am liebsten allein.
    Ich möchte helfen, daß die Welt besser wird.
    Da gibt es jeden Tag etwas Interessantes.
    Da braucht man keine Fremdsprachen.
    Ich kenne jemanden, der das auch ist.
    Damit findet man immer eine Stellung.
    Ich arbeite gerne mit den Händen.
    Ich glaube, das kann ich gut.
    Meine Eltern hätten das gerne.
    Ich will vor allem viel Geld verdienen.
    Das ist ein Traumberuf.

Nein: Das ist mir zu schwer.
    Da bekommt man nicht genug Geld.
    Meine Eltern reden immer davon.
    Wenn man eine Familie haben will, ist das nicht gut.
    Nachts will ich schlafen, nicht arbeiten.
    Das ist mir nicht sicher genug.
    Da muß man zu lange auf die Schule gehen.
    Ich arbeite lieber für mich selber.
    Da hat man immer mit komischen Leuten zu tun.
    Ich habe schon einen anderen Plan.

C Die Leute tun, als ob

1. Die Stewardessen auf den Fotos sehen aus, als ob sie immer Ferien hätten.
2. Dieser unmögliche Mensch tut immer, als ob . . .
3. Ihr gebt mein Geld aus, als ob . . .

4. Du siehst heute morgen aus, als ob . . .
5. Wir gehen jetzt an ihnen vorbei, als ob . . .
6. Wenn ich rufe, spielt mein Sohn einfach weiter, als ob . . .
7. Tu nicht, als ob . . . !
8. Stewardessen tragen oft einen Goldring, als ob . . .

D Fragen zum Text

1. Was hört Heike immer zu Hause?
2. Warum will sie zuerst bei der Bank arbeiten?
3. Wie denkt sie sich die Arbeit in einem Reisebüro?
4. Wie denkt sie sich das Leben einer Boutiquen-Besitzerin?
5. Warum will sie dann doch keine Boutique haben?
6. Wie denkt sie sich das Leben einer Stewardeß?
7. Warum will sie nun vielleicht doch keine Stewardeß werden?
8. Was gefällt ihr am Leben ihres Onkels?
9. Warum will sie am Ende Säuglingsschwester werden?

E Große Aufgaben

1. Besprechen Sie mit Heike, was sie vielleicht werden soll!
2. Erklären Sie Ihren Eltern, was Sie werden wollen und warum!
3. Schreiben Sie mir einen Leserbrief! Ich würde mich freuen.

Vocabulary

a

ab off; down (as in: up and d.); "ab und zu" = now and then

abbrennen, brannte ab, abgebrannt to burn down

Abend, −e, *m* evening

Abendessen, −, *n* supper

abends in the evening, at night

Abendschule, −n, *f* night school

aber but

abgeben, gab ab, abgegeben to hand in

Abitur, *n* comprehensive final exam at "Gymnasium"

abmachen to remove

abnehmen, nahm ab, abgenommen to take off; to lose weight

s. absentieren (*obsolete*) to abscond, to absent oneself

absolut absolute

absurd absurd

ach oh; alas

achten auf to pay attention to

Adjektiv, −e, *n* adjective

Adler, −, *m* eagle

Adoption, −en, *f* adoption

Adresse, −n, *f* address

adressieren to address (mail)

Afrika, *n* Africa

Afrikazeit, −en, *f* time spent in Africa

Aggressivität, *f* aggressiveness

Agrarchemie, *f* agricultural chemical industry

Agrarland, *n* land used for agriculture

Agrartechnik, *f* agricultural technology

akademisch academic; college-trained

akrobatisch acrobatic

Akt, −e, *m* act

akzeptieren to accept

Albatros, −se, *m* albatross

Algebra, *f* algebra

Alkohol, *m* alcohol

Alkoholverbot, −e, *n* banning of alcoholic beverages; prohibition

all− all; every

allein(e) alone

alleinstehend (*present participle*) single and independent

alles everything

allgemein (in) general

Alpen, *pl* Alps

als as; than; when

also therefore; then; thus; now then

alt old

Alter, −, *n* age

Alternative, *f* alternative

am + *superlative* *adverbial form of superlative:* "am besten"

Amateur, −e, *m* amateur

Ambition, −en, *f* ambition

Amerika, *n* America

Amerikaner, −, *m* American

amerikanisch American

Amerikatourist, −en, *m* tourist visiting America

Amerikatraum, −̈e, *m* dream of America

an (am, ans) at; to

Anakonda, −s, *f* anaconda (snake)

anbauen to grow; to raise
anbieten, bot an, angeboten to offer
ander– other; different
andererseits on the other hand
ändern to change
anders different
anderthalb one-and-a-half
Anfang, ⸚e, *m* beginning, start
anfangen, fing an, angefangen to begin
angehen, ging an, angegangen to concern
angeln to fish
anhalten, hielt an, angehalten to stop
ankommen, kam an, angekommen to arrive
ankreuzen to check; to mark with an X
annehmen, nahm an, angenommen to assume
Annonce, –n, *f* advertisement, newspaper announcement
anrufen, rief an, angerufen to phone
ansehen, sah an, angesehen to look at
Ansehen, *n* social standing; respect
Ansicht, –en, *f* view
ansprechen, sprach an, angesprochen to address (e.g., on the street)
anstarren to stare at
Antenne, –n, *f* antenna
Anthrazit, *n* anthracite coal
Anthropologie, *f* anthropology
Antwort, –en, *f* reply
antworten to reply
Antwortbrief, –e, *m* letter of reply
Apathie, *f* apathy
Apfel, ⸚, *m* apple
Apparat, –e, *m* apparatus; appliance
Appetit, *m* appetite
applaudieren to applaud
Aquädukt, –e, *n* aqueduct
Ara, –s, *m* ara; macaw
Arbeit, –en, *f* work
arbeiten to work
Arbeiter, –, *m* worker
Arbeiterkind, –er, *n* worker's child
Arbeiterschaft, *f* all the workers
Arbeitersiedlung, –en, *f* workers' housing development
Arbeitsform, –en, *f* work structure
arbeitsintensiv labor intensive
arbeitslos jobless

Arbeitsplatz, ⸚e, *m* place of work
Arbeitsrhythmus, *m* rhythm of work
Arbeitssklave, –n, *m* working slave; slave of work
Arbeitsstunde, –n, *f* hour of work
Arbeitstag, –e, *m* workday
Arbeitszeit, –en, *f* worktime
Archäologe, –n, *m* archeologist
Archäologie, *f* archeology
Architektur, *f* architecture
Argument, –e, *n* argument; point
argumentieren to argue; to point out
Arithmetik, *f* arithmetic
arm poor
Arm, –e, *m* arm
Armee, –n, *f* army
Armeeminister, –, *m* Secretary of the Army
Armeeoffizier, –e, *m* army officer
Art, –en, *f* kind
Artikel, –, *m* article
Arzt, ⸚e, *m* physician
Ärztin, –nen, *f* physician
asozial outside of society
Aspekt, –e, *m* aspect
assimilieren to assimilate
assistieren to assist
Astrologe, –n, *m* astrologist
Astronomie, *f* astronomy
Athen, *n* Athens
Atmosphäre, –n, *f* atmosphere
Atomreaktor, –en, *m* atomic reactor
attackieren to attack
Attraktion, –en, *f* attraction
attraktiv attractive
Attribut, –e, *n* attribute
auch also; even
auf on; up ("auf und ab"); "auf nach" = let's go to
aufbauen to erect
aufblasen, blies auf, aufgeblasen to inflate
aufbrechen, brach auf, aufgebrochen to break open
aufessen, aß auf, aufgegessen to eat up
Aufgabe, –n, *f* assignment
aufgeben, gab auf, aufgegeben to give up
aufgehen, ging auf, aufgegangen to rise (sun)
aufmachen to open

aufregen to upset

aufschreiben, schrieb auf, aufgeschrieben to write down

aufstehen, stand auf, aufgestanden to get up

aufwachsen, wuchs auf, aufgewachsen to grow up

Auge, −n, *n* eye

Augengläser, *pl, n* (*obsolete*) eyeglasses

August, *m* August

aus out of; (*geogr.*) from; "es ist aus" = it's over

s. ausdenken, dachte aus, ausgedacht to imagine, to devise

Ausdruck, ⸚e, *m* expression

ausdruckslos expressionless

ausdrucksvoll with full expression

auseinander apart

Ausfahrt, −en, *f* exit (for vehicles)

ausgeben, gab aus, ausgegeben to spend

ausgehen, ging aus, ausgegangen to go out

ausgezeichnet excellent

ausgraben, grub aus, ausgegraben to dig out

aushalten, hielt aus, ausgehalten to bear; "ohne . . . es nicht aushalten" = can't be without

s. auskennen, kannte aus, ausgekannt to know one's way

Ausland, *n* foreign countries

Ausländer, −, *m* foreigner

Ausländerfamilie, −n, *f* family of foreigners

ausschließen, schloß aus, ausgeschlossen to exclude

aussehen, sah aus, ausgesehen to appear, to look

Außenseiter, −, *m* outsider

außer beside

außerdem besides

aussterben, starb aus, ausgestorben to die out

Australien, *n* Australia

auszahlen to pay out

Auto, −s, *n* car

Autobahn, −en, *f* superhighway

Autofahren, *n* driving a car

Autofahrer, −, *m* car driver

Autofahrt, −en, *f* car ride

Autogramm, −e, *n* autograph

Automechaniker, −, *m* auto mechanic

Automodell, −e, *n* car model

Autor, −en, *m* author

b

Baby, −s, *n* baby

Babysitting, *n* babysitting

backen, backte (*or* buk), gebacken to bake

Bäcker, −, *m* baker

Bäckerei, −en, *f* bakery

Bad, ⸚er, *n* bath

Badeanzug, ⸚e, *m* swimsuit

Badewanne, −n, *f* bathtub

Badezimmer, −, *n* bathroom

Bahn, −en, *f* railroad; roller coaster

Bahnhof, ⸚e, *m* railroad station

Bahnhof(s)platz, ⸚e, *m* public square in front of railroad station

bald soon

Ballett, −e, *n* ballet

Ballon, −s, *m* balloon

Bank, −en, *f* bank; "bei der B. arbeiten" = to work at the bank

Bankberuf, *m* banking profession

Bankräuber, −, *m* bankrobber

bankrott bankrupt

Bankrott, −e, *m* bankruptcy

Bar, −s, *f* bar counter; barroom

Barfräulein, −(s), *n* barmaid

Baron, −e, *m* baron

Basel, *n* Basel

Bau, Bauten, *m* construction; building

bauen to build

Bauer, −n, *m* peasant; farmer

Bauernhaus, ⸚er, *n* farmhouse

Baum, ⸚e, *n* tree

Baumschule, −n, *f* tree nursery

Bauplatz, ⸚e, *m* construction site

beantworten to answer

bearbeiten to treat; to work (on); to cultivate

Bedeutung, −en, *f* meaning

bedienen to serve; to act as servant

befahren, befuhr, befahren to use as a road

beginnen, begann, begonnen to begin

beglückwünschen to congratulate

behalten, behielt, behalten to keep

bei at; near; during; "bei uns" = at our place, in our group beide both

Bein, –e, *n* leg

beinahe almost

Beispiel, –e, *n* example; "zum B." = for example

Beispielsatz, ⁻e, *m* sample sentence

beißen, biß, gebissen to bite

beistehen, stand bei, beigestanden to assist

bekannt known

Bekannt –, (*adj. endings*) acquaintance; friend

bekanntgeben, gab bekannt, bekanntgegeben to announce

Bekanntschaft, –en, *f* acquaintance

bekommen, bekam, bekommen to receive; to have; to get

benötigen to need

benutzen to use

Benzin, *n* gasoline

Berg, –e, *m* mountain

Bergseite, –n, *f* mountainside

Beruf, –e, *m* profession; trade

Berufsplan, ⁻e, *m* vocational plan

beruhigen to calm down

berühmt famous

beschreiben, beschrieb, beschrieben to describe

Besitz, *m* possession

Besitzer, –, *m* owner

besonder– special

besonders especially

besprechen, besprach, besprochen to discuss

Besprechung, –en, *f* discussion

besser better

Besserung, –en, *f* recovery; improvement

best best

Besteck, –e, *n* knife, fork, and spoon

bestimmt certain

besuchen to visit

Besucher, –, *m* visitor

betrachten to regard

Bett, –en, *n* bed

Bettgast, ⁻e, *m* overnight guest

bezahlen to pay for

Bier, –e, *n* beer

Bierbrauerei, –en, *f* brewery

Bierwagen, –, *m* beer wagon or truck

Bierzelt, –e, *n* beer tent

Bikini, –s, *m* bikini

Bild, –er, *n* picture

Bilderaufhängen, *n* hanging pictures

Billard, *n* billiards

billig cheap

binden, band, gebunden to bind; to tie

Bindung, –en, *f* bond

Biologie, *f* biology

bis (bis auf, bis zu, *etc.***)** until; up to; to

bißchen "ein bißchen" = a little bit

bitte please

bitten um, bat, gebeten to request; to ask for

bitter bitter

Blatt, ⁻er, *n* sheet of paper

blau blue; "blau und grün" = black and blue

blauäugig blue-eyed

bleiben, blieb, geblieben to remain

Bleistift, –e, *m* pencil

blicken to look

blöd stupid; idiotic

Blume, –n, *f* flower

Blumengarten, ⁻, *m* flower garden

Blumenschere, –n, *f* garden scissors

Blumenschneiden, *n* cutting flowers

BMW (*brand name*) "Bayerische Motorenwerke"

Boden, ⁻, *m* ground

Bodensee, *m* Lake Constance

bös(e) malicious

Botanik, *f* botany

Boutique, –n, *f* boutique

brauchen to use; to need

braun brown

Braunkohle, *f* brown coal; lignite

BRD "Bundesrepublik Deutschland" = Federal Republic of Germany

breit broad; wide

Breite, –n, *f* breadth

Brief, –e, *m* letter

brennbar combustible

brennen, brannte, gebrannt to burn

Briefeschreiben, *n* writing letters

Briefschreiber, –, *m* letter writer

brillant brilliant

Brille, –n, *f* eyeglasses

bringen, brachte, gebracht to bring

Brot, –e, *n* bread

Brötchen, –, *n*   roll
Brücke, –n, *f*   bridge
Bruder, –̈, *m*   brother
Buch, –̈er, *n*   book
Bug, –e, *m*   bow (of ship)
Bulgarien, *n*   Bulgaria
Bundesrepublik, *f*   Federal Republic
Büro, –s, *n*   office
Bürohaus, –̈er, *n*   office building
bürokratisch   bureaucratic
Bürste, –n, *f*   brush
Bus, –se, *m*   bus
Busch, –̈e, *m*   bush
Butter, *f*   butter
Butterschiff, *n*   "butter ship" (*nickname*)

c

Calvinist, –en, *m*   Calvinist
Campingplatz, –̈e, *m*   campground
Campingwagen, –, *m*   camper
Champagner, –, *m*   champagne
Chance, –n, *f*   chance; opportunity
Charakter, –e, *m*   character
charakterfest   unwavering; of reliable
   character
charakteristisch   characteristic
charmant   charming
charmieren   to charm; to bewitch
Charterbus, –se, *m*   chartered bus
Chef, –s, *m*   boss
Chemie, *f*   chemistry
chemisch   chemical
Chikago   Chicago
Chinese, –n, *m*   Chinese
Chor, –̈e, *m*   choir
clever   clever
Clown, –s, *m*   clown
Comic Strip, –s, *m*   comic strip
Cousin, –s, *m*   (*obsolete*) male cousin
Cowboy, –s, *m*   cowboy

d

d.h.   "das heißt" = i.e.
da   at that moment; there
da(r)–   it (of it; in it; *etc.*)
dabei   with it; present; at the same time; on the
   other hand
Dach, –̈er, *n*   roof

Dachdecker, –, *m*   roofing specialist
Dachshund, –e, *m*   dachshund
daher   from that; therefore
dahin   there (direction)
dalassen, ließ da, dagelassen   to leave there
damals   at that time
Dame, –n, *f*   lady
damit   so that; with that
Däne, –n, *m*   Dane
Dänemark, *n*   Denmark
dänisch   Danish
dankbar   grateful
danke   thank you
danken   to thank; "ihm ist es zu d." = one
   owes it to him
dann   then; in addition
darauf   thereupon
darum   therefore
das   that (one)
daß   (*conjunction*) that
dazugehören   to be part of something
dazuverdienen   to earn additional income
DDR   "Deutsche Demokratische Republik" =
   German Democratic Republic
decken   to cover
Delikatesse, —n, *f*   tidbit; delicacy; delicatessen
Demarkationslinie, –n, *f*   demarcation line
demokratisch   democratic
demonstrieren   to demonstrate
denken an, dachte, gedacht   to think of;
   "s. d." = to imagine
denn   for; because; after all (*not at beginning
   of clause*)
Derby, –s, *n*   derby
deshalb   therefore
Destruktion, –en, *f*   destruction
deswegen   for that reason
Detail, –s, *n*   detail
deutsch   German
Deutschland, *n*   Germany
deutschsprachig   German-speaking
Dezimalsystem, *n*   decimal system
dick   thick; fat
dies–   this
diesmal   this time
Differenz, –en, *f*   difference
Dilemma, –s, *n*   dilemma
Dimension, –en, *f*   dimension

Ding, –e, *n* thing; object; matter
Diplom-Archäologe, –n, *m* degree-holding archeologist
direkt direct
Direktor, –en, *m* director
dirigieren to direct; to steer
disharmonisch discordant
Diskretion, *f* discretion
Diskussion, –en, *f* discussion
diskutieren to discuss
Distanz, –en, *f* distance
Distrikt, –e, *m* district
Disziplin, –en, *f* discipline
Dividende, –n, *f* dividend
DM "Deutsche Mark" (West German mark)
doch but; still; in spite of everything said; yes (*after negation*)
Dock, –e or **–s,** *n* dock
dokumentieren to document
Dollar, –s, *m* dollar
dominieren to dominate
doppelt twice
Dorf, ¨er, *n* village
Dorn, –en, *m* thorn
dort there
Dozent, –en, *m* (college) lecturer
Drama, Dramen, *n* drama
drauf on it; "Gold d." = gold plate
draußen outside (of buildings, boxes, etc.)
drehen to turn; to make a movie
Dreieck, –e, *n* triangle
Dreierhop, *m* hop, skip, and jump without running start
dreisprachig trilingual
drinnen inside (mostly of buildings, boxes, etc.)
dritt– third
Drittel, –, *n* one-third
drucken to print
Dualsystem, *n* binary system
dumm stupid
dunkelhaarig dark-haired
dünn thin; slender
durch through
dürfen, darf, durfte, gedurft to be permitted to
duzen, *also* **s. duzen mit** to use the familiar form of address

Duzfreund, –e, *m* close friend (addressed by "du")

e

echt true; real
Effekt, –e, *m* attraction; feature; effect
ehrlich honest, truthful
Ei, –er, *n* egg
eigen own
einander each other; themselves
einäugig one-eyed
einbringen, brachte ein, eingebracht to earn; to bring in
einer someone
einfach simple
Einfahrt, –en, *f* entry (for vehicles)
–einhalb -and-a-half
einige several; "einiges" = several things
einkaufen to go shopping
Einkommen, –, *n* income
einladen, lud ein, eingeladen to invite
Einladung, –en, *f* invitation
einmal (expression of casualness); once; for a change
einmalig unique; one of a kind
einsam lonely
einschlafen, schlief ein, eingeschlafen to fall asleep
Einwohner, –, *m* inhabitant
einzahlen to deposit
einzig sole
Eis, *n* ice
Eisen, *n* iron
Eisenbahn, –en, *f* railroad
Eisenbahnwagen, –, *m* railroad car
Eismann, ¨er, *m* ice cream vendor
Ekstase, –n, *f* ecstasy
Elefant, –en, *m* elephant
elegant elegant
Elektriker, –, *m* electrician
elektrisch electric
Elektrizität, *f* electricity
Elektrozaun, ¨e, *m* electric fence
Elster, –n, *f* magpie
Eltern, *pl., m* parents
Elternteil, –e, *m* parent
emanzipieren to emancipate
Emanzipierung, *f* emancipation

eminent eminent
Emotion, –en, *f* emotion
emphatisch emphatic
Ende, –n, *n* end; "zu E." = finished
endlich finally
Energie, –n, *f* energy
energielos without energy
Energiereserve, –n, *f* energy reserve
energisch energetic
englisch English
Enkelin, –nen, *f* granddaughter
entdecken to discover
Entdecker, –, *m* discoverer
entgegenarbeiten to work against
Entrepreneur, –e, *m* entrepreneur
Entschuldigung, –en, *f* pardon
entstehen, entstand, entstanden to arise; to originate
entweder either
Erde, *f* earth
"Erdener Treppchen," *n* "Little Stairs of Erden" (name of a wine)
Erdgas, *n* natural gas
Erdgasleitung, –en, *f* natural gas pipeline
Erfahrung, –en, *f* experience
erfinden, erfand, erfunden to invent
s. erinnern to remember
erkennen, erkannte, erkannt to recognize
erklären to explain
Erklärung, –en, *f* explanation
erkranken to fall ill
ernst serious
erst first; not until
erstens first of all
erträumen to create in one's dreams
erwachsen (*adjective*) adult
erwarten to expect
erzählen to tell
Esel, –, *m* donkey
eßbar edible
essen, aß, gegessen to eat (said of humans)
etwas somewhat; something; some; "so e." = something like that
Eule, –n, *f* owl
Europäer, –, *m* European
europäisch European
Europatourist, –en, *m* tourist visiting Europe
examinieren to examine

existieren to exist
exotisch exotic
Expedition, en, *f* expedition
Experiment, –e, *n* experiment
Export, –e, *m* export
exportieren to export
extravagant extravagant

f

fahren, fuhr, gefahren to drive ("hat g."); to travel ("ist g.")
Fahrer, –, *m* driver
Fahrrad, ¨er, *n* bicycle
Fahrschule, –n, *f* driving school
Fahrt, –en, *f* trip
fair fair
Fakten, *pl.*, *m* (*rare singular:* Fakt) facts
fallen, fiel, gefallen to fall
falsch false
Falte, –n, *f* fold; crease; wrinkle
Familie, –n, *f* family
Familienleben, *n* family life
Familiensportfest, –e, *n* sports meeting for families
Familientisch, *m* family table
Familienvater, ¨, *m* male head of the family
Fanatiker, –, *m* fanatic
fangen, fing, gefangen to catch
Farm, –en, *f* farm
Farmer, –, *m* farmer
fast almost
faul lazy; rotten
Faust, ¨e, *f* fist
FDJ, *f* "Freie Deutsche Jugend" (state youth organization) = Free German Youth
fehlen to be missing; "ihnen fehlt" = they miss
Fehler, –, *m* error; flaw
Feiertag, –e, *m* official holiday
fein fine
Feind, –e, *m* enemy
Feindschaft, –en, *f* enmity; hostility
feminin feminine
Fenster, –, *n* window
Ferien *pl.* vacation
Ferienfahrt, –en, *f* vacation trip
Ferienhaus, ¨er, *n* vacation home
fern far

fernsehen, sah fern, ferngesehen to watch TV
Fernsehen, *n* television
Fernseher, –, *m* TV set
Fernsehprogramm, –e, *n* TV program
Fernstraße, –n, *f* cross-country highway
fertig finished
fest fast; firm
s. festbeißen, biß fest, festgebissen to bite and not let go again
festhalten, hielt fest, festgehalten to hold fast; to hold firm
Festplatz, ⸚e, *m* fairgrounds
Feuer, –, *n* fire
Feuerwehr, *f* firefighting company
Figur, –en, *f* figure
Fiktion, –en, *f* fiction; invention
fiktiv ficticious
Film, –e, *m* film
Filmarbeit, –en, *f* work in movie production
filmen to make movies *incl.* home movies
Filmstar, –s, *m* film star
Finanz, –en, *f* finance
Finanzinteresse, –n, *n* financial interest
Finanzspezialist, –en, *m* financial specialist
finden, fand, gefunden to find; "s. f." = to be found; to occur
Finger, –, *m* finger
Fingernagel, ⸚, *m* fingernail
Firma, Firmen, *f* firm
Fisch, –e, *m* fish
fischen to fish
Flasche, –n, *f* bottle
Fleisch, *n* meat; flesh
Fleischer, –, *m* butcher
fliegen, flog, geflogen to fly
Flieger, –, *m* flier; pilot
Fliegerschule, –n, *f* flying school
Flug, ⸚e, *m* flight
Flughafen, ⸚, *m* airport
Flugtier, –e, *n* flying animal
Flugzeug, –e, *n* airplane
Fluß, Flüsse, *m* river
Form, –en, *f* form
Formalität, –en, *f* formality
Forst, –e, *m* forest
fort away
Fort, –s, *n* fort
Forum, Foren, *n* forum
Foto, –s, *n* photograph
fotografieren to take photographs
Frage, –n, *f* question
fragen nach to ask about
fraglos without question
Frau, –en, *f* woman; wife
frei free
Freiheit, –en, *f* freedom
freilegen to expose; to unearth
freitagabends on Friday night
Freitagnachmittag, –e, *m* Friday afternoon
fremd strange; foreign
Fremdsprache, –n, *f* foreign language
fressen, fraß, gefressen to eat (said of animals)
Freude, –n, *f* joy
freudlos joyless
s. freuen to be happy; to rejoice; "s. f. auf" = to look forward to; "s. f. über" = to be happy about
Freund, –e, *m* friend
freundlich friendly
Freundlichkeit, *f* friendliness
Freundschaft, –en, *f* friendship
frisch fresh
fröhlich cheerful; joyful
früh early
früher former; earlier; in the past
Frühstück, –e, *n* breakfast
Frühstücksei, –er, *n* breakfast egg
(s.) fühlen to feel
führen zu to lead to
Führung, –en, *f* guidance; leadership
Füllwort, ⸚er, *n* filler word; flavoring particle
Fund, –e, *m* find
Funktion, –en, *f* function
funktionieren to function
funktionslos without function
für for
Furcht, *f* fear
Fuß, ⸚e, *m* foot; "zwei Fuß" = 2 ft. (measurement); "zu F." = on foot
Fußballfreund, –e, *m* soccer fan
Fußballplatz, ⸚e, *m* soccer field
Fußballspiel, –e, *n* soccer game

g

Gabel, –n, *f* fork
Gallone, –n, *f* gallon
ganz total; whole; very
gar all; very; "g. nicht" = not at all
Garage, –n, *f* garage
garantieren to guarantee
Garten, ̈, *m* garden
Gärtner, –, *m* gardener
Gärtnerei, –en, *f* nursery garden; truck farm
Gas, –e, *n* gas
Gast, ̈e, *m* guest
Gastarbeiter, –, *m* guest worker; foreign worker
Gastarbeiterkind, –er, *n* child of foreign worker
Gastarbeiterwohnung, –en, *f* foreign worker's residence
Gasthaus, ̈er, *n* inn
geben, gab, gegeben to give; "es g." = there is; "das g. es" = that exists, that happens
Gebiet, –e, *n* area
gebrauchen to use
Gebrauchtwagen, –, *m* used car
Geburtstag, –e, *m* birthday
Geburtstagslied, –er, *n* birthday song
Gedanke, –n, *m* thought
gedankenlos thoughtless
gedankenvoll thoughtful
Gefahr, –en, *f* danger
gefährlich dangerous
gefallen, gefiel, gefallen to please; to be liked
Gefühl, –e, *n* feeling
gegen against
Gegenteil, *n* opposite
gehen, ging, gegangen to walk; to go; to function; to fit; to be possible; "das Telefon geht" = the phone rings; "es geht mir gut" = I am faring well, I am doing fine
gehören to belong
Geld, –er, *n* money
geliebt beloved
gemeinsam joint
Gemeinschaft, –en, *f* community; partnership
genau exact
Genealogie, *f* genealogy
General, –e *or* ̈e, *m* general

Generation, –en, *f* generation
Generator, –en, *m* generator
generell general
genetisch genetic
Gentleman, Gentlemen, *m* gentleman
genug enough
Geographie, *f* geography
Geographielehrer, –, *m* geography teacher
geographisch geographic
Geologe, –n, *m* geologist
Geologie, *f* geology
Geometrie, *f* geometry
geometrisch geometric
Gepäck, *n* baggage
gerade just; straight
germanisch Germanic
germanisieren to germanicize
gern(e) gladly
Gerontologie, *f* gerontology
Geschäft, –e, *n* business; store
geschäftlich business-related
Geschäftsexpedition, –en, *f* trade expedition
geschehen, geschah, geschehen to happen
Geschichte, –n, *f* story
Geschirr, *n* dishes
Geschmack, *m* taste
Gesellschaft, –en, *f* society
Gesicht, –er, *n* face
gesichtslos faceless
Gespenst, –er, *n* ghost
Gespensterbahn, –en, *f* roller coaster spookhouse (at carnival)
Gespräch, –e, *n* conversation
gestikulieren to gesticulate
gesund healthy
Gettomentalität, *f* ghetto mentality
Gewerkschaft, –en, *f* trade union
Gewinn, –e, *m* gain; winnings
gewöhnlich common; usual
gigantisch gigantic
Gitarre, –n, *f* guitar
Gitarrespiel, *n* guitar playing
Glas, ̈er, *n* glass
Glaser, –, *m* glazier
Glashaus, ̈er, *n* house made of glass (*figure of speech*)
Glatze, –n, *f* bald spot; baldpate

glauben an to believe in
gleich immediately; same; equal; "mir ist das g." = it doesn't matter to me
Gleichheit, *f* equality
gleichzeitig simultaneous
Glück, *n* luck; fortune; happiness
glücklich fortunate; happy
Gold, *n* gold
Goldmedaille, −n, *f* gold medal
Goldrausch, *m* gold rush
Goldring, −e, *m* golden ring; golden band
Goldsucher, −, *m* gold prospector
Gott, ¨er, *m* god; God
Gotteshaus, ¨er, *n* House of God
Göttlichkeit, *f* divinity, godliness
Gouverneur, −e, *m* governor
Grad, −e, *m* degree
Graf, −en, *m* count
Gramm, *n* gram
grandios grandiose
Graphologie, *f* graphology
Gras, ¨er, *n* grass
gratulieren to congratulate
Grieche, −n, *m* Greek
Griechenland, *n* Greece
griechisch Greek
groß big; great; tall
Größe, −n, *f* greatness; size
Großeltern, *m* grandparents
Großmutter, ¨, *f* grandmother
Großstadt, ¨e, *f* city over 100,000
Großtante, −n, *f* great-aunt
Großvater, ¨, *m* grandfather
grün green
Grundschule, −n, *f* elementary school
Gruppe, −n, *f* group
gut good; well
guttun, tat gut, gutgetan to make one feel good
Gymnasium, Gymnasien, *n* selective secondary school; public college-prep. school
Gymnastik, *f* calisthenics; gymnastics
Gynäkologie, *f* gynecology

h

Haar, −e, *n* hair

haben, hatte, gehabt to have; "etwas davon h." = to get something out of it
halb half; semi-
Halbbruder, ¨, *m* half-brother
Hälfte, −n, *f* half
halten, hielt, gehalten to stop; to hold; to keep; to have an opinion of
Hammer, ¨, *m* hammer
Hand, ¨e, *f* hand
Handikap, −s, *n* handicap
Handschuh, −e, *m* glove
Handwagen, −, *m* handcart
hängen, hing, gehangen to hang
harmlos harmless
Harmonie, −n, *f* harmony
hart hard
häßlich ugly
Häßlichkeit, *f* ugliness
Hauptschule, −n, *f* general (nonselective) high school
Hauptschüler, −, *m* student at general high school
Haus, ¨er, *n* house
Hausarbeit, −en, *f* homework; household chores
Häuschen, −, *n* little house
Hause "nach H." = (toward) home; "zu H." = at home
Hausfrau, −en, *f* housewife
Haushalt, −e, *m* household
Haustier, −e, *n* domestic animal
Haustürschlüssel, −, *m* front door key
Heim, −e, *n* home
Heimat, *f* home country, home region
Heimatland, ¨er, *n* home country
Heirat, −en, *f* wedding; marriage
heiraten to marry
Heiratswunsch, ¨e, *m* wish for a marriage
heiß hot
heißen, hieß, geheißen *or* **gehießen** to mean; to be called; "es heißt" = it is said
heizen to heat
Hektar, −, *m or n* hectare (10,000 m²)
helfen, half, geholfen to help
Helfer, −, *m* helper
Hemd, −en, *n* shirt
Hengst, −e, *m* stallion
her− toward me ("herauf," "herab," *etc.*)

Herz, –en, *n* heart
herauskommen, kam heraus, herausge-
kommen to come out; to show
herein in (toward me)
hereinkommen, kam herein, hereingekom-
men to come in
Herr, –en, *m* gentleman; lord
Herrlichkeit, –en, *f* magnificence
Herrschaft, –en, *f* reign; lordship, ladyship;
"meine Herrschaften" = Ladies and
Gentlemen
herüber over to this side
hervorbringen, brachte h., hervorgebracht
to produce
hervorholen to fetch or bring out
Herzattacke, –n, *f* heart attack
Herzlichkeit, *f* cordiality
heute today
hier here
Hilfe, –n, *f* assistance
hilfreich helpful
Hilfsorganisation, –en, *f* auxiliary
organization
hin– toward (away from speaker: "hinauf,"
"hinab," *etc.*)
hindern to hinder
Hindernis, –se, *n* obstacle
hinein into it
hinkommen, kam hin, hingekommen to
arrive there
s. hinlegen to lie down
hinter behind; after; "hinterher" = after
historisch historic(al)
Hobby, –s, *n* hobby
hoch high
Hochhaus, ̈–er, *n* high-rise building
hochinteressant highly interesting
höchstens at most
Hochwasser, *n* high water; flood
hoffen to hope
hoffentlich hopefully
hoffnungsvoll full of hope
hoh– "hoch" = high
Höhe, –n, *f* height
höhere Schule, –n, *f* selective high school;
public college-prep. school
höherer Schüler, –, *m* student at selective
high school

höhergestellt higher in rank
holländisch Dutch; Netherlandic
Holz, ̈–er, *n* wood
Holzhaus, ̈–er, *n* house built of wood
Honig, *m* honey
hören to hear; to listen
horizontal horizontal
Horoskop, –e, *n* horoscope
Hose, –n, *f* pants
Hotel, –s, *n* hotel
hübsch good-looking
Huhn, ̈–er, *n* chicken
Humor, *m* humor
humorvoll humorous
Hund, –e, *m* dog
Hundehaus, ̈–er, *n* doghouse
Hunger, *m* hunger
hungern to go hungry
hungrig hungry
hygienisch hygienic; sanitary

i

Idealbild, –er, *n* ideal image
identifizieren to identify
Identität, –en, *f* identity
Idiot, –en, *m* idiot
idyllisch idyllic
Ignoranz, *f* ignorance
illegal illegal
illustrieren to illustrate
Imitation, –en, *f* imitation
imitieren to imitate
immer always
Immigrant, –en, *m* immigrant
Import, –e, *m* import
importieren to import
in (im, ins) in, into
Indianer, –, *m* American Indian
Industrie, –n, *f* industry
Industriemanager, –, *m* industry executive
Inferiorität, –en, *f* inferiority
Infinitivkonstruktion, –en, *f* infinitive
construction
Inflation, *f* inflation
informieren to inform
Ingenieur, –e, *m* engineer

Inland, *n* interior of a country (*esp.* ones's own)

Insekt, −en, *n* insect

Insektenklasse, −n, *f* class *or* order of insects

Inspektion, −en, *f* inspection

Instruktion, −en, *f* instruction

Instrument, −e, *n* instrument

intakt intact

intelligent intelligent

intensiv intensive

Interdependenz, −en, *f* interdependence

interessant interesting

Interesse, −n, *n* interest

interessieren to interest; "s. i. für" = to be interested in

international international

Interview, −s, *n* interview

interviewen to interview

Invalide, −n, *m* disabled person

investieren to invest

isolieren to isolate

Italien, *n* Italy

Italiener, −, *m* Italian

italienisch Italian

j

ja yes; clearly; after all; well!

Jahr, −e, *n* year

jahrelang for years

Jahreszeit, −en, *f* season of the year

−jährig . . . years old

Jahrmarkt, ̈e, *m* carnival, fair

Jahrtausend, −e, *n* millenium

Jahrzehnt, −e, *n* decade

jaja sure, sure!

Januar, −e, *m* January

Jazzkonzert, −e, *n* jazz concert

Jeans, *pl.* jeans

jed− every

jedermann everybody

jedesmal every time

jemand someone

jen− that (*as in* this or that)

Jet, −s, *m* jet plane

jetzt now

Jockey, −s, *m* jockey

Journalist, −en, *m* journalist

Jugend, *f* youth

Jugendklub, −s, *m* youth club

jugendlich youthful

Jugendobjekt, −e, *n* youth project (official term in DDR)

Jugendorganisation, −en, *f* youth organization

Jugoslawe, −n, *m* Yugoslav

Jugoslawien, *n* Yugoslavia

Juli, −s, *m* July

jung young

Junge, −n, *m* boy

Jungtier, −e, *n* immature animal

Juni, −s, *m* June

Junikäfer, −, *m* June bug

k

Kadaver, −, *m* cadaver

Käfer, −, *m* beetle

Käferspiel, −e, *n* beetle game

Käfertag, −e, *m* day of the beetles

Kaffee, *m* coffee

Kaffeetasse, −n, *f* coffee cup

Kaiserhof, *m* imperial court

Kalifornien, *n* California

kalt cold

Kamera, −s, *f* camera

Kamerad, −en, *m* comrade, buddy

Kameradschaft, *f* comradeship

Kampagne, −n, *f* campaign

Kanada, *n* Canada

Kanadier, −, *m* Canadian

Kannibale, −n, *m* cannibal

Kapital, *n* capital

Kapitän, −e, *m* captain (of ship)

kaputt broken; out of order

kaputtgehen, ging kaputt, kaputtgegangen to go to pieces

Karotte, −n, *f* carrot

Kartoffel, −n, *f* potato

Kartoffelfresser, −, *m* potato eater (*derogatory*); "Kraut"

Karussell, −s, *n* merry-go-round

Kategorie, −n, *f* category

Katze, −n, *f* cat

kaufen to buy

Kaufhaus, ̈er, *n* department store with supermarket

kaum hardly

kein no
Kellner, −, m waiter
kennen, kannte, gekannt to know
kennenlernen to get to know
Keramik, −en, f ceramics
Kilo, −s, n kilogram
Kilometer, −, m kilometer
kilometerweit for kilometers
Kind, −er, n child
Kindergarten, ∸, m nursery school (not only
  kindergarten)
Kindergärtner, −, m nursery school teacher
Kinderwagen, −, m baby carriage
Kinderzahl, f number of children
Kinderzimmer, −, n children's room
Kindheit, f childhood
Kindlichkeit, f childlike traits (positive)
Kino, −s, n movie theater
Kirche, −n, f church
klar clear
Klasse, −n, f class
Klassenzimmer, −, n classroom
Kleid, −er, n dress; clothing
Kleidergeschäft, −e, n clothing store
klein small
Klima, −ta, n climate
Klimaanlage, −n, f air conditioning
Klischee, −s, n cliché
klopfen to knock
Koch, ∸e, m cook
kochen to cook; to boil
Koffer, −, m suitcase
Kognak, −s, m cognac
Kohlengebiet, −e, n coal-mining area
Kolibri, −s, m hummingbird
Kollege, −n, m colleague
Kollektion, −en, f collection
kollektiv collective
Kollektiv, −e, n work collective (socialist work
  group)
kollidieren to collide
Kollision, −en, f collision
Köln, n Cologne
Kolonie, −n, f colony
Kolonisator, −en, m leading colonist;
  colonizer
kombinieren to combine
Komet, −en, m comet

komisch funny
Kommandant, −en, m commanding officer
kommen, kam, gekommen to come
kommentieren to comment
Kommunikation, −en, f communication
Kommunist, −en, m communist
Komplex, −e, m complex
Komplikation, −en, f complication
komplizieren to complicate
Kondor, −s or −e, m condor
konfus confused
König, −e, m king
können, konnte, gekonnt to know; to be able
  to; "etwas dafür k." = to be at fault, to be
  responsible
Können, n know-how; skill
Konsequenz, −en, f consequence
konservativ conservative
konstruieren to design and construct
Konsul, −n, m consul
Kontakt, −e, m contact
kontaktlos without contact
Kontrolle, −n, f inspection
kontrollieren to inspect; to check; to
  supervise
Konzentration, −en, f concentration
s. konzentrieren auf to concentrate on
Konzern, −e, m industrial concern
Kooperation, f cooperation
kooperativ cooperative
Koordinierung, f coordination
Kopf, ∸e, m head
Korridor, −e, m hallway
korrupt corrupt
kosten to cost
Kosten, pl. cost
kraftlos without strength
krank ill
Krankenhaus, ∸er, f hospital
Krankenwagen, −, m ambulance
Krieg, −e, m war
Kriminalfilm, −e, m mystery movie
Kriminalität, f delinquency; crime rate
Kritik, −en, f criticism; critique
kritisch critical
Klub, −s, m club
Kubikzentimeter, −, m cubic centimeter
  (cm³); "cc"

Küche, –n, *f* kitchen
Kuchen, –, *m* cake
Kuchenbacken, *n* baking of cake(s)
Kuckuck, –e, *m* cuckoo
Kuckucksuhr, –en, *f* cuckoo clock
Kuh, ⸚e, *f* cow
kühlen to cool
Kühlschrank, ⸚e, *m* refrigerator
künstlich artificial
kultiviert sophisticated
Kultur, –en, *f* culture
Kulturinstitut, –e, *n* cultural institute
Kulturtradition, –en, *f* cultural tradition
Kunst, ⸚e, *f* art
Künstlichkeit, *f* artificiality
Kunstschule, –n, *f* academy of art
kurz short
kurzbeinig short-legged
Kusine, –n, *f* female cousin

l

lächeln to smile
lachen über to laugh about *or* at
lamentieren to lament
Lamm, ⸚er, *n* lamb
Lampe, –n, *f* lamp
Land, ⸚er, *n* land; country; state (within the BRD); "auf dem l.." = in the country
Landarbeiter, –, *m* farm worker
landen to land
Landesmuseum, Landesmuseen, *n* state museum
Landkarte, –n, *f* map
Landleben, *n* country life
Landschaft, –en, *f* landscape
Landstück, –e, *n* piece of land
Landwirt, –e, *m* farmer
landwirtschaftlich agricultural
lang long
–lang for . . . (for months, for years, etc.)
Länge, –n, *f* length
langohrig long-eared
langsam slow
langweilig boring
lassen, ließ, gelassen to leave; to let; to have others do
Lastwagen, –, *m* truck
laufen, lief, gelaufen to run

laut loud
leben to live
Leben, –, *n* life
lebendig alive; lively
Lebensfreude, *f* joy of life
Lebensmittel, –, *n* food
Lebensstandard, *m* standard of living
leblos lifeless
ledig single
leerstehen, stand leer, leergestanden to stand empty
legalisieren to legalize
legen to lay; "s. l." = to lie down
Lehrer, –, *m* teacher
Lehrling, –e, *m* apprentice
leicht easy; light
leider unfortunately
leidtun, tat leid, leidgetan "das tut mir leid" = I am sorry
leise soft, i.e., not loud
Leitung, –en, *f* pipeline; electric line; water line; etc.
lernen to learn; to receive vocational training
lesen, las, gelesen to read
Leser, –, *m* reader
Leserantwort, –en, *f* reader's reply
Leserbrief, –e, *m* letter to the editor
letzt– last; "zum letztenmal" = for the last time
leuchten to glow, to shine
Leute, *pl., m* people
Leutebuch, *n* "people book" (*name coined for this publication*)
Lexikon, Lexika, *n* dictionary
Licht, –er, *n* light
lieb nice; dear; agreeable
Liebe, *f* love
lieben to love
lieber preferably (*comparative of* "gern")
Liebeswunsch, ⸚e, *m* wish for a love relationship
Lieblichkeit, *f* sweetness; pleasantness
Lieblingstier, –e, *n* pet animal (the preferred one)
liebst– "am liebsten" (*superlative of* "gern")
Lied, –er, *n* song
liegen, lag, gelegen to lie
Lignit, *n* lignite

Linguistik, *f* linguistics
Linie, -n, *f* line
links left
linksorientiert leftist
Lipizzaner, -, *m* Lipizzan (*horse breed*)
Lissabon, *n* Lisbon
Liste, -n, *f* list
Liter, -, *m or n* liter
Literatur, -en, *f* literature
Lokal, -e, *n* pub; bar; restaurant
Lokalzeitung, -en, *f* small-town newspaper
Lotse, -n, *m* marine pilot
Lotterie, -n, *f* lottery
Lotto, *n* lotto (legal nationwide numbers game)
Lottogeld, -er, *n* money won or spent at lotto game
Lottospieler, -, *m* lotto player
LPG, -s, *f* "landwirtschaftliche Produktionsgenossenschaft" = communal farm in DDR
Luft, ‐e, *f* air
lukrativ lucrative
Lust zu *or* **auf,** *f* desire for; interest in

m

machen to make; to do; to matter; "das macht" = (*math.*) that amounts to; "mach, daß . . ." = see to it, that . . .
Mädchen, -, *n* girl
Magen, ‐, *m* stomach
Mai, -s, *m* May
Maikäfer, -, *m* May beetle, cockchafer
Maikäferlied, *n* song about the May beetle
Makao, -s, *m* macaw
Makeup, *n* makeup
mal *abbreviation of* "einmal"
Mal, -e, *n* occurrence; time
-mal . . . times (*e.g.,* "zweimal")
man one; you
manch some
Mann, ‐er, *m* man; husband
männlich male; masculine; virile
Männlichkeit, *f* masculinity; virility
Mannschaft, -en, *f* crew
Mark, *f* (German) mark
markieren to mark
Marktplatz, ‐e, *m* market square
Marsch, ‐e, *m* march

Maschine, -n, *f* engine; machine
Masse, -n, *f* mass
Massenmedium, Massenmedien, *n* mass medium (media)
Massenwein, -e, *m* cheap table wine
Mathematik, *f* mathematics
Mathematiklehrer, -, *m* math teacher
Mauer, -n, *f* wall
Maurer, -, *m* mason
Maus, ‐e, *f* mouse
Mäuseschlucker, -, *m* mouse swallower
Mechaniker, -, *m* mechanic
Medizin, -en, *f* medicine
Meer, -e, *n* sea
mehr more
mehrere several
Meile, -n, *f* mile
meinen to mean; to think; to say
Meinung, -en, *f* opinion
meist most; most of the time
meistens most of the time
Melodie, -n, *f* melody
Mensch, -en, *m* human being
Menschlichkeit, *f* humaneness; human weakness
Metall, -e, *n* metal
Metalldetektor, -en, *m* metal detector
Metallstück, -e, *n* piece of metal
Meteorologe, -n, *m* meteorologist
Meteorologie, *f* meteorology
Meter, -, *m or n* meter
Methode, -n, *f* method
Metropole, -n, *f* metropolis
Metzger, -, *m* butcher
mexikanisch Mexican
Mexiko, *n* Mexico
Milch, *f* milk
militärisch military
Militärzeit, *f* time in the military service
Millionär, -e, *m* millionaire
mindestens at least
minimal minimal
Minoritätsproblem, -e, *n* minority problem
minus minus
Minute, -n, *f* minute
Misere, *f* miserable situation
mit with; along; at the age of
mitarbeiten to participate in the work

mitbringen, brachte mit, mitgebracht   to bring or take along

mitessen, aß mit, mitgegessen   to share another person's meal

mitgehen, ging mit, mitgegangen   to go along

mitkommen, kam mit, mitgekommen   to come along

mitmachen   to participate

mitnehmen, nahm mit, mitgenommen   to take along

mitreden   to participate in a discussion

Mitschüler, –, m   classmate

mitsingen, sang mit, mitgesungen   to sing along

mitspielen   to participate in a game

Mitte, –n, f   middle, center

Mitteleuropa, n   Central Europe

mitten (in, auf, vor . . .)   in the middle of

Mitternacht, f   midnight

Möbelwagen, –, m   moving van

modern   modern

mögen, mochte, gemocht   to like

möglich   possible

Möglichkeit, –en, f   possibility

möglichst   as possible; if possible

Monarch, –en, m   monarch

Monat, –e, m   month

Mond, –e, m   moon

Mondlandschaft, –en, f   moonscape

Monument, –e, n   monument

Moral, f   morals

moralisch   moral

Mord, –e, m   murder

morgen   tomorrow

Morgen, –, m   morning

morgens   in the morning

"Moselglück," n   "Moselle Joy" (fictitious brand name)

"Moselsonne," f   Moselle Sun" (fictitious brand name)

Moselwein, –e, m   Moselle wine

Most, m   cider

Motor, –en, m   engine; motor

Motorboot, –e, n   motorboat

Motorrad, ̈er, n   motorcycle

Motorradfahren, n   motorcycling

Motto, –s, n   motto

müde   tired

Multiplikation, –en, f   multiplication

München, n   Munich

Mund, ̈er, m   mouth

Muse, –n, f   Muse

Museum, Museen, n   museum

Musik, f   music

Musikabend, –e, m   evening concert

musikalisch   musically gifted

Musikfreund, –e, m   music lover

müssen, mußte, gemußt   to have to

Mutter, ̈, f   mother

mütterlicherseits   on the mother's side

Mutterschaf, –e, n   ewe

Muttersprache, –n, f   mother tongue

Muttertag, m   Mother's Day

Muttertier, –e, n   female animal (here: mare)

Mythos, Mythen, m   myth

n

nach   after; to; toward; adapted from

Nachbar, ̈n, m   neighbor

Nachbarhaus, ̈er, n   house next door

nachdem   after

nachdenken über, dachte nach, nachgedacht   to think about

nachher   afterward

nachmachen   to imitate

nachsehen, sah nach, nachgesehen   to check

Nachsilbe, –n, f   suffix

nachsprechen, sprach nach, nachgesprochen   to repeat words after a model

nächst   next

Nacht, ̈e, f   night

Nachtarbeit, f   working at night

Nachteil, –e, m   disadvantage

Nachthemd, –en, n   nightgown

Nachtigall, –en, f   nightingale

nahe (bei)   close to

näherkommen, kam näher, nähergekommen   to come closer

Nahrungsmittel, –, n   food item

naiv   naive

Name, –n, m   name

Namenstag, –e, m   name day

Nase, –n, f   nose

Nation, −en, *f* nation
national national
Nationalgefühl, −e, *n* national pride; national sense
Nationalität, −en, *f* nationality
Nationalspiel, −e, *n* national game
Natur, −en, *f* nature
Naturfreund, −e, *m* nature lover
Naturgas, *n* natural gas
natürlich natural
neben beside
Neffe, −n, *m* nephew
negativ negative
nehmen, nahm, genommen to take
nein no
Nektar, *m* nectar
nennen, nannte, genannt to call; to name
nervös nervous
Nervosität, *f* nervousness
Nest, −er, *n* nest
nett nice
neu new
Neubau, −ten, *m* newly erected building
nicht not
Nichte, −n, *f* niece
Nichtakademiker, −, *m* person without a college education
nichtakademisch nonacademic
Nichtraucher, −, *m* nonsmoker
nichts nothing
Nichttrinker, −, *m* nondrinker
nie never
niemand nobody
Nil, *m* Nile
nirgendwo nowhere
Nizza, *n* Nice
Nobilitätstitel, −, *m* title of nobility
noch also; still; in addition; even; "noch einmal" = once again; "noch etwas" = something else
nochmal once again
Nomade, −n, *m* nomad
nomadisieren live *or* roam as a nomad
Nordamerikaner, −, *m* North American
norddeutsch North German
Norden, *m* North
nordisch Nordic
nördlich Northern

Nordsee, *f* North Sea
normal normal
Normalfamilie, *f* average family (statistics)
Normalgesicht, *n* normal face; stock face
Normalklasse, *f* regular class; standard class
Nostalgie, *f* nostalgia
Note, −n, *f* grade
nötig necessary
Nudel, −n, *f* noodle
Nudelmacher, −, *m* noodle maker
null zero
Numismatik, *f* numismatics
Nummer, −n, *f* number; act
nun now
nur only; "nur so" = just so

O

ob whether; if
oben on top
Objekt, −e, *n* object
oder or
offerieren to offer
offiziell official
Offizier, −e, *m* military officer
öffnen to open
oft often
ohne without
Ohr, −en, *n* ear
Ohrring, −e, *m* earring
okay okay
Ökologe, −n, *m* ecologist
Ökologie, *f* ecology
ökonomisch economic
Öl, −e, *n* oil
Olympiade, −n, *f* Olympics
Oma, −s, *f* granny
Omelett, −s, *n* omelet
Onkel, −, *m* uncle
optimal optimal
Optimist, −en, *m* optimist
Ordnung, −en, *f* order
Organisation, −en, *f* organization
Ornithologe, −n, *m* ornithologist
Ornithologie, *f* ornithology
Ort, −e, *m* place
Osterei, −er, *n* Easter egg
Österreich, *n* Austria
Österreicher, −, *m* Austrian

österreichisch   Austrian
Osteuropa, *n*   Eastern Europe
Ozean, −e, *m*   ocean
Ozeanwasser, *n*   ocean water

p

paar   "ein paar" = a few; a couple
Paar, −e, *n*   pair; couple
Pädagogik, *f*   pedagogy
Papagei, −en, *m*   parrot
Papier, −e, *n*   paper; "Papiere" = financial stocks and certificates
Parallelklasse, −n, *f*   parallel class
Parfüm, −s, *n*   perfume
Park, −s, *m*   park
parken   to park
Parkplatz, −e, *m*   parking area
Partner, −, *m*   partner
Party, Partys *or* Parties, *f*   party
Pascha, −s, *m*   pasha
passen   to fit
passieren   to happen
Pastor, −en, *m*   pastor
Patient, −en, *m*   patient
Pause, −n, *f*   pause
Pennsylvanien, *n*   Pennsylvania
Pension, −en, *f*   boardinghouse
Pensionär, −e, *m*   pensioner; retired person
per   per; via; "per du sein" = being on very close terms, using familiar form of address
perfekt   perfect
Perfektionist, −en, *m*   perfectionist
Person, −en, *f*   person
persönlich   personal
Pfefferminz, *n*   peppermint
Pfennig, −e, *m*   penny
Pferd, −e, *n*   horse
Pferdeballett, −s *n*   ballet of horses
Pferdewagen, −, *m*   horse cart *or* coach
Pferdewurst, −e, *f*   horse-meat sausage
pflanzen   to plant
Pfund, −e, *n*   pound
Phantasie, −n *f*   imagination
phantasiereich   fanciful
phantastisch   fantastic
Philadelphier, −, *m*   Philadelphian
Philosophie, −n, *f*   philosophy
philosophieren   to philosophize

phlegmatisch   phlegmatic
Physik, *f*   physics
physisch   physical
Pilot, −en, *m*   airplane pilot
Pinguin, −e, *m*   penguin
Pionier, −e, *m*   pioneer
Pipeline, −s, *f*   pipeline
Pistole, −n, *f*   pistol
Plage, −n, *f*   plague (*figuratively*)
Plan, −e, *m*   plan
planen   to plan
Planer, −, *m*   planner
planlos   without a plan
Plastiktank, −s, *m*   plastic tank
Platz, −, *m*   place; square; "am P. sein" = to be appropriate
plus   plus
Polen, *n*   Poland
Politik, *f*   politics
Politiker, −, *m*   politician
politisch   political
Politologie, *f*   political science
Polizei, *f*   police
Polizeiauto, −s, *n*   police car
Polizeistunde, *f*   closing time for liquor-dispensing establishments
Polizeiwagen, −, *m*   police car
Polizist, −en, *m*   policeman
Polyester, *n*   polyester
polytechnisch   polytechnic
Pommerland, *n*   *old form of* "Pommern" = Pomerania
Portugiese, −n, *m*   Portuguese
Position, −en, *f*   position
positiv   positive
Posten, −, *m*   post; position
Postkarte, −n, *f*   postcard
Postleitzahl, −en, *f*   ZIP code
prähistorisch   prehistoric
Praktik, −en, *f*   practice
präzise   precise
Preis, −e, *m*   prize; price
primitiv   primitive
Prinz, −en, *m*   prince
Prinzip, −ien, *n*   principle
privat   private
Privatfinanzierung, −en, *f*   private financing
Privatleben, −, *n*   private life

pro per
Problem, −e, *n* problem
problemlos without problems
Produkt, −e, *n* product
Produktionsgenossenschaft, −en, *f* production cooperative; co-op
Produktivität, *f* productivity
produzieren to produce
Professor, −en, *m* professor
profitieren to profit
Programm, −e, *n* program; plan
Projekt, −e, *n* project
proletarisch proletarian
"prosit Neujahr!" "a happy New Year!"
Protest, −e, *m* protest
protestieren to protest
Protestkampagne, −n, *f* protest campaign
Provinz, −en, *f* province
Provinzzeitung, −en, *f* local or regional newspaper
Prozent, −e, *n* percent
Prüfung, −en, *f* examination
Psychologie, *f* psychology
Pudel, −, *m* poodle
Pullover, −, *m* pullover; sweater
Puls, −e, *m* pulse
Pünktlichkeit, *f* punctuality
Puppentheater, −, *n* puppet theater
putzen to clean

q

Quadratkilometer, −, *m* square kilometer (km²)
Quadratmeter, −, *m* square meter (m²)
Qualität, −en, *f* quality

r

Radar, *n* radar
radikal radical
Radio, −s, *n* radio
Radius, Radien, *m* radius
rar rare
Rasse, −n, *f* breed; race
Rathaus, ⁻er, *n* city hall
Rathausplatz, ⁻e, *m* public square in front of city hall
rauchen to smoke

Raume, ⁻e, *m* room; space
raus out (*colloquial*)
Rausch, ⁻e, *m* intoxication; frenzy
reagieren to react
Reaktion, −en, *f* reaction
real real
realisieren to carry out
Realisierung, −en, *f* materialization; realization
Rebe, −n, *f* vine
recht right; quite; "das ist mir r." = that is fine with me
Recht, −e, *n* right
rechts (on the) right side
rechtzeitig in good time; on time
Rede, −n, *f* speech
reden to talk
reduzieren auf to reduce to
Referenz, −en, *f* letter of reference *or* recommendation
Reform, −en, *f* reform
reformiert member of the Reformed Church (Calvinist)
Regenschirm, −e, *m* umbrella
regieren to govern
Region, −en, *f* region
regnen to rain
reich rich
reichen to suffice
Reise, −n, *f* trip
Reisebüro, −s, *n* travel bureau
reisen to travel
reiten, ritt, geritten to ride a horse
Reiter, −, *m* horseback rider
Reitkunst, ⁻e, *f* art of riding
Reitpferd, −e, *n* riding horse
Reitschule, −n, *f* riding school
Reittier, −e, *n* riding animal
Reklame, −n, *f* advertisement; commercial; advertising
Reklametext, −e, *m* text of an advertisement
rekonstruieren to reconstruct
Rekord, −e, *m* record (highest achievement)
Rektor, −en, *m* principal
Rekultivierung, −en, *f* recultivation
relativ relative

Relikt, −e, *n* relic
Rennchance, −n, *f* racing odds
Rennen, −, *n* race
Rennprogramm, −e, *n* racing form
renovieren to renovate
Renovierung, −en, *f* renovation
Reparaturarbeit, −en, *f* repair work
reparieren to repair
Reporter, −, *m* reporter
Reptil, −ien, *n* reptile
Republik, −en, *f* republic
reservieren to reserve
Respekt, *m* respect; esteem
Respektsperson, −en, *f* person of higher
  social standing
Rest, −e, *m* remains; leftover; rest
Restaurant, −s, *n* restaurant
Restaurierung, −en, *f* restoration
Resultat, −e, *n* result
Revolte, −n, *f* revolt
Rhein, *m* Rhine
Rheinländer, −, *m* Rhinelander
richtig right; true; the real thing; "etwas
  Richtiges" = something proper, useful and
  substantial
Richtung, −en, *f* direction
riskieren to risk
Ritual, −e, *n* ritual
Rivale, −n, *m* rival
Rolle, −n, *f* role
Rom, *n* Rome
romantisch romantic
Römer, −, *m* Roman
Römerstadt, −̈e, *f* Roman city
Römerzeit, *f* Roman times
römisch Roman
Rose, −n, *f* rose
rot red
Rotwein, −e, *m* red wine
Routine, *f* routine
Routinearbeit, −en, *f* routine work
rufen, rief, gerufen to call
ruhig quiet; calm
Ruhrgebiet, *n* Ruhr district
Rumänien, *n* Romania
Rumpfheben, *n* lifting of the torso
Rumpftiefbeuge, −n, *f* toe touching (and
  beyond)

rund round; approximate
Russe, −n, *m* Russian
russisch Russian
Rußland, *n* Russia

s

Sache, −n, *f* matter; thing; concern
Sadismus, *m* sadism
sadistisch sadistic
sagen to say
Sagen, *n* the say (command)
Salat, −e, *m* lettuce; salad
salzig salty
Salzwasser, *n* saltwater
Samstag, −e, *m* Saturday
Samstagmorgen, −, *m* Saturday morning
samstags on Saturday
Sand, *m* sand
sandig sandy
Sandmann, *m* Sandman (mythical)
satt no longer hungry; full
Satz, −̈e, *m* sentence
sauber clean
saubermachen to clean
sauer sour
Säugling, −e, *m* infant
Säuglingsschwester, −n, *f* nurse specializing
  in infant care
Sauna, −s, *f* sauna
Schaf, −e, *n* sheep
Schäfer, −, *m* shepherd
Schäferhund, −e, *m* sheepdog
Schaufenster, −, *n* display window
Schauspieler, −, *m* actor
Scheck, −s, *m* check
Scheckbuch, −̈er, *n* checkbook
scheiden, schied, geschieden to divorce
Scheidung, −en, *f* divorce
scheinen, schien, geschienen to seem; to
  shine
Scheuerfrau, −en, *f* cleaning woman
schicken to send
schießen, schoß, geschossen to shoot
Schiff, −e, *n* ship
Schiffsreise, −n, *f* cruise; voyage (by boat)
Schlaf, *m* sleep
schlafen, schlief, geschlafen to sleep
schlaflos sleepless

Schlafplatz, ⁻e, *m* sleeping corner; place where one sleeps

Schlange, –n, *f* snake

Schlangennummer, –, *f* snake act

Schlangentanzerei, *f* that snake dancing (*derogatory*)

Schlangentänzer, –n, *m* snake dancer

schlank slender

schlecht bad; "mir wird s." = I am beginning to feel sick

schließen, schloß, geschlossen to close

schließlich finally; after all

schlimm evil; bad; unpleasant

schlucken to swallow

Schluß, Schlüsse, *m* conclusion; end; "zum S." = in conclusion, at the end

Schlüssel, –, *m* key

Schlußprüfung, –en, *f* final examination

Schlußwort, –e, *n* concluding statement

schmal narrow

schmecken nach to taste like

Schnaps, ⁻e, *m* hard liquor; "schnapps"

schneiden, schnitt, geschnitten to cut

schnell fast

Schokolade, *f* chocolate

schon already; "s. einmal" = once before

schön beautiful; agreeable

Schönheit, –en, *f* beauty

schreiben, schrieb, geschrieben to write

Schreibarbeit, –en, *f* writing task

Schreibmaschine, –n, *f* typewriter

schreien, schrie, geschrien to yell; to scream

Schreiner, –, *m* carpenter; cabinetmaker

Schriftsteller, –, *m* writer

Schuh, –e, *m* shoe

Schuhmacher, –, *m* shoemaker

Schuhspitze, –n, *f* tip of the shoe

Schuster, –, *m* shoemaker

Schularbeit, –en, *f* school work

Schulaufgabe, –, *f* school assignment

Schulbrot, –e, *n* sandwich taken to school

Schulbuch, ⁻er, *n* textbook

Schulbus, –se, *m* school bus

Schuldirektor, –en, *m* principal of "höhere Schule"

Schule, –n, *f* school

Schüler, –, *m* pupil; secondary school student

Schulferien, *pl.* vacation from school

Schulfreund, –e, *m* friend from school days

Schulhaus, ⁻er, *n* school building

Schuljahr, –e, *n* school year; grade in school

Schulkind, –er, *n* pupil

Schultag, –e, *m* school day

Schultasche, –n, *f* school bag *or* briefcase

Schulweg, –e, *m* way to school

Schulzeit, *f* school years; time of instruction

schwach weak

Schwäche, –n, *f* weakness

Schwalbe, –n, *f* swallow

Schwalbenkatastrophe, *f* catastrophe for the swallows

Schwan, ⁻e, *m* swan

schwarz black

schwarzhaarig black-haired

Schwarzmarkt, ⁻e, *m* black market

Schweden, *n* Sweden

Schwein, –e, *n* pig

Schweiz, *f* Switzerland

Schweizer, –, *m* Swiss

schwer heavy; difficult

Schwerarbeit, *f* heavy manual labor

Schwerindustrie, *f* heavy industry

Schwester, –n, *f* sister; nurse

Schwiegereltern, *pl.* parents-in-law

Schwiegermutter, ⁻, *f* mother-in-law

Schwiegersohn, ⁻e, *m* son-in-law

Schwiegervater, ⁻, *m* father-in-law

schwierig difficult

Schwimmbad, ⁻er, *n* swimming pool

schwimmen, schwamm, geschwommen to swim; to float

Schwimmer, –, *m* swimmer

See, –n, *m* lake

Seeleute *plural of* "Seemann" = sailor

Segelboot, –e, *n* sailboat

sehen, sah, gesehen to see; to look

sehr very; much

sei *subjunctive I of* "sein" = to be

Seife, –n, *f* soap

sein, war, gewesen to be

seit since

Seite, –n, *f* side; page

Sekretär, –e, *m* secretary

Sekunde, –n, *f* second

selb(er) (one)self; same

selbst (one)self

Selbstironie, *f* self-irony

Selbstmord, −e, *m* suicide

selten rare

seltsam strange; odd

Seminar, −e, *n* seminar

sensibel sensitive (*not* sensible)

sensitiv sensitive

sentimental sentimental

Sentimentalität, −en, *f* sentimentality

separat separate

September, −, *m* September

Sermon, −e, *m* sermon; long admonition
  (*derogatory*)

servieren to serve food

setzen to set; to place

sicher sure; secure

sichtbar visible

Siedlung, −en, *f* settlement; development

siezen to use the formal address ("Sie")

singen, sang, gesungen to sing

sinken, sank, gesunken to sink

sinnlos senseless; pointless

Situation, −en, *f* situation

sitzen, saß, gesessen to sit

Sitzplatz, ̈e, *m* seat

skandalös scandalous

Skifahren skiing

Sklave, −n, *m* slave

Skulptur, −en, *f* sculpture

so so; such; as

Sofa, −s, *n* sofa

sofort immediately

sogar even

Sohn, ̈e, son

solange as long as

solch such

Soldat, −en, *m* soldier

solide solid; sound; staid

sollen to be supposed to

Sommer, −, *m* summer

Sommerschule, −n, *f* summer school

Sommerstatistik, −en, *f* statistics about
  summer

sondern but rather

Sonnabend, −e, *m* Saturday

Sonne, −n, *f* sun

Sonnenbrand, *m* sunburn

Sonnenbrille, −n, *f* sunglasses

sonnig sunny

Sonntag, −e, *m* Sunday

Sonntagabend, −e, *m* Sunday night

Sonntagmorgen, −, *m* Sunday morning

sonntags on Sunday

sonst or else; besides; "s. nichts" = nothing
  else

Sopran, −e, *m* soprano

Sorte, −n, *f* sort

sortieren to sort

soviel as much

Sowjetrepublik, −en, *f* Soviet Republic

Sowjetunion, *f* Soviet Union

sozial social; societal

Sozialgruppe, −n, *f* social group

sozialhistorisch of social history

sozialistisch socialist

Soziologe, −n, *m* sociologist

Soziologie, *f* sociology

sozusagen so-to-speak

Spaghetti, *pl.* spaghetti

Spaghettifresser, −, *m* spaghetti eater
  (*derogatory*)

Spanien, *n* Spain

Spanier, −, *m* Spaniard

spanisch Spanish

sparen to save; to put aside

spät late; "zu s." = late, after the appointed
  time

Specht, −e, *m* woodpecker

spezifisch specific

Spiegel, −, *m* mirror

Spiegelreflexkamera, −s, *f* mirror reflex
  camera

Spiel, −e, *n* play; game

spielen to play

Spieler, −, *m* player

Spielplatz, ̈e, *m* playground

Spitze, −n, *f* tip; point

Sport, Sportarten, *m* sport

Sportart, −en, *f* sports discipline

Sportfest, −e, *n* sports meet

Sportflugzeug, −e, *n* small plane (usually
  private)

Sportkleidung, *f* sports clothing

Sportklub, −s, *m* sports club

Sportler, −, *m* sportsman

sportlich athletic; sporty-looking

Sportplatz, ⁻e, m sports ground; field

Sportrekord, −e, m sports record; best performance ever

Sportschule, −n, f sports academy

Sportwagen, −, m sports car; light baby stroller

Sprache, −n, f language

Sprachkurs, −e, m language course

sprachlich linguistic; referring to language

sprachlos speechless

Sprachtest, −s, m language proficiency test

sprechen, sprach, gesprochen to speak

springen, sprang, gesprungen to jump

Spuk, −s, m spook

Staat, −en, m state

staatlich in reference to the state; owned by the state

Stadt, ⁻e, f city; town

Stadtteil, −e, m quarter, part of the city

Stall, ⁻, m animal barn

Standardantwort, −en, f standard reply

Star, −s, m star (in show business)

stark strong

Start, −s, m start

Station, −en, f station

Status, m status

Steak, −s, n steak

stecken to stick

Steckenpferd, −e, n hobbyhorse

stehen, stand, gestanden to stand; to be written

stehenbleiben, blieb stehen, stehengeblieben to stop

Steigung, −en, f gradient; incline

steil steep; "steile Wand" = vertical wall

Steilwandfahrer, −, m daredevil cyclist who drives motorcycle on wall of circular cage

Stein, -e, m stone

Steinhaus, ⁻er, n house built of stone

−stel -th part ("Fünfzigstel" = one-fiftieth)

stellen to place; to pose

Stellung, −en, f position

sterben, starb, gestorben to die

Sterblichkeit, f mortality

Steward, −s, m steward

Stieftochter, ⁻, f stepdaughter

Stil, −e, m style

still quiet

stinken, stank, gestunken to stink

Stinktier, −e, n skunk

stoppen to stop

Storch, ⁻e, m stork

Storchenpaar, −e, n pair of storks

Straße, −n, f street; road

Straßenbauarbeiter, −, m road construction worker

Strauß, −e, m ostrich

Streß, m stress (on nerves)

Striptease, n striptease

Strumpf, ⁻e, m stocking; sock

Stück, −e, n piece (of)

Student, −en, m postsecondary student

Studie, −n, f study; investigative essay

studieren to go to college (*not* to do one's course work)

studiert college-educated

Studium, Studien, n college education; study of a subject in general

Stuhl, ⁻e, m chair

Stunde, −n, f hour

Stundenkilometer, −, m kilometers per hour

Suche, f search

suchen to seek; to look for

Südamerika, n South America

Süden, m South

südlich southern

Summe, −n, f sum

Supertanker, −, m supertanker

Suppe, −n, f soup

süß sweet

Süßwasser, n fresh water; river water

Symbol, −e, n symbol

symbolisieren to symbolize

System, −e, n system

t

Tag, −e, m day

Tanker, −, m tanker

Tante, −n, f aunt

Tanz, ⁻e, m dance

tanzen to dance

Tanzplatz, ⁻e, m open area ("square") for dancing

Tanzschule, −n, f dancing academy

Tasse, −n, f cup

Taube, −n, f pigeon

Taxifahrer, –, *m* cab driver
Team, –s, *n* team
Tee, –s, *m* tea
Teenagersprache, *f* language of teenagers
Teil, –e, *m or n* part; "zum T." = in part
teilen to share; to split
teilhaben an, hatte teil, teilgehabt to have a part in
teilnehmen, nahm teil, teilgenommen to participate
–tel, *n* -th part ("Fünftel")
Telefon, –e, *n* telephone
telefonieren to phone
Telefonnummer, –n, *f* phone number
Telegramm, –e, *n* telegram
Teller, –, *m* plate
Tempel, –, *m* temple
Temperatur, –en, *f* temperature
Tendenz, –en, *f* trend; tendency
Tenor, ˝e, *m* tenor
Territorium, Territorien, *n* territory
Test, –s, *m* test
teuer expensive
Text, –e, *m* text
Textilgeschäft, –e, *n* clothing and fabric store
Theater, –, *n* theater (live)
Thema, Themen, *n* topic
Theologie, *f* theology
Tide, –n, *f* tide
tief deep
Tiefe, –n, *f* depth
Tier, –e, *n* animal (*incl.* insects, amoebas, *etc.*)
Tierarzt, ˝e, *m* veterinarian
Tierfreund, –e, *m* animal lover
Tisch, –e, *m* table
Tischler, –, *m* carpenter; cabinetmaker
Tischtuch, ˝er, *n* tablecloth
Titelbild, –er, *n* cover picture
Titelfoto, –s, *n* cover photograph
Titelseite, –n, *f* title page; front cover of magazine
Toast, *m* toast
Tochter, ˝, *f* daughter
Tod, –e, *m* death
Toilette, –n, *f* toilet; restroom
Tomate, –n, *f* tomato
Topf, ˝e, *m* pot
tot dead

töten to kill
Tourist, –en, *m* tourist
Touristenattraktion, –en, *f* tourist attraction
Touristik, *f* tourism
Tradition, –en, *f* tradition
tragen, trug, getragen to carry; to bear; to wear
Tragtier, –e, *n* pack animal
Trainer, –, *m* trainer
Training, *n* training
Transport, –e, *m* transport
transportieren to transport
Traum, ˝e, *m* dream
Traumberuf, –e, *m* ideal profession
träumen to dream
Träumer, –, *m* dreamer
treffen, traf, getroffen to meet
trennen to separate
Treppe, –n, *f* stairway
trinkbar drinkable
trinken, trank, getrunken to drink
Trinkwasser, *n* drinking water
tropisch tropical
Tscheche, –n, *m* Czech
Tschechoslowakei, *f* Czechoslovakia
tun, tat, getan to do; to act
Tunnel, –(s), *m* tunnel
Tür, –en, *f* door
Turbulenz, –en, *f* (air) turbulence
Türke, –n, *m* Turk
Türkei, *f* Turkey
Türkenkind, –er, *n* child of a Turk
türkisch Turkish
turnen to do calisthenics
Turnlehrer, –, *m* gymnastics coach
Typ, –en, *m* type; guy (*colloquial*)
typisch typical

u
üben to exercise
über over; about
überall everywhere
überemanzipiert overemancipated
s. überfressen, überfraß, überfressen to overeat (said of animals)
übergeben, übergab, übergeben to hand over

174

übergenau   overly exact
überhaupt   in general
überlaut   too loud
übernehmen, übernahm, übernommen   to take over
übernervös   extremely nervous
übersetzen   to translate
übertragen, übertrug, übertragen   to transmit; to convert
übervoll   too full
übrig   remaining
Übung, −en, ƒ   exercise
UdSSR, ƒ   "Union der sozialistischen Sowjetrepubliken" = USSR
Uhr, −en, ƒ   clock; watch; o'clock
ukrainisch   Ukrainian
um   around; at (time); "um . . . zu" = in order to
umziehen, zog um, umgezogen   to move to a new residence
unattraktiv   unattractive
unbekannt   unknown
unbezahlt   not paid for
und   and
undankbar   ungrateful
undeutsch   un-German
unfair   unfair
unfrei   not free
unfreundlich   unfriendly
Ungarn, n   Hungary
ungefähr   approximate
ungenau   inexact; imprecise
ungern   without pleasure
ungesund   unhealthy
ungleich   unequal
Unglück, −e, n   misfortune
unglücklich   unhappy; unfortunate
unglücklicherweise   unfortunately
ungut   bad (behavior)
Uniform, −en, ƒ   uniform
Union, ƒ   union
Universität, −en, ƒ   university
Universitätsdiplom, −e, n   university diploma
Universitätsdozent, −en, m   university lecturer
unkompliziert   uncomplicated
unmöglich   impossible
unmoralisch   immoral
unrichtig   incorrect

Unruhe, −n, ƒ   restlessness; commotion; pl.: riot
unschön   not very nice; not beautiful
unsicher   insecure; uncertain
unsinkbar   unsinkable
unten   down; at the bottom
unter   below; under
Unterbrechung, −en, ƒ   interruption
untergehen, ging unter, untergegangen   to perish; to sink
Unterhose, −n, ƒ   underpants; panties; briefs
Unterschied, −e, m   difference
Unterschrift, −en, ƒ   signature
untersuchen   to investigate; to examine
Untertasse, −n, ƒ   saucer
unterwegs   underway; on the road
unvergessen   unforgotten
unverheiratet   single (unmarried)
unwichtig   unimportant
Unze, −n, ƒ   ounce
Urlaub, m   vacation (specifically of adults)
Urlaubsfahrt, −en, ƒ   vacation tour
Urlaubstag, −e, m   vacation day
urteilen   to judge
usw.   "und so weiter" = etc.

V

Vanilleeis, n   vanilla ice cream
Variante, −n, ƒ   variant; version
Vase, −n, ƒ   vase
Vater, ⸚, m   father
väterlicherseits   on the father's side
Vatersprache, ƒ   "father tongue": native language learned from father
Vatertag, m   Father's Day
vegetarisch   vegetarian
verändern   to change
Verb, −en, n   verb
Verbesserung, −en, ƒ   improvement; correction
verbieten, verbot, verboten   to forbid
verbrennen, verbrannte, verbrannt   to destroy by fire
verdienen   to earn
Vereinigte Staaten   United States
Vergangenheit, ƒ   past
vergessen, vergaß, vergessen   to forget
s. verheiraten mit   to get married to
Verkauf, ⸚e, m   sale

verkaufen to sell
Verkäufer, –, *m* salesperson; seller
verlassen, verließ, verlassen to leave
verlegen to transfer something to a new location
verlieren, verlor, verloren to lose
verlorengehen, ging v., verlorengegangen to disappear; to become lost
vernichten to destroy; to annihilate
verrückt crazy
verschenken to give away
verschieden different
verschlafen, verschlief, verschlafen oversleep
Version, –en, *f* version
verständlich understandable
verstehen unter, verstand, verstanden understand by
versuchen to try
verteilen an *or* **auf** to distribute to
vertikal vertical
verwandt related
Verwirklichung, –en, *f* materialization, realization
verwirren to confuse
Verwirrung, –en, *f* confusion
verwitwet widowed
Veterinärmedizin, *f* veterinary medicine
Vetter, –n, *m* male cousin
Vieh, *n* cattle and other farm animals
viel much; many
vielleicht perhaps
vielseitig versatile
viertürig four-door
Viertelstunde, –n, *f* quarter-hour
Villa, Villen, *f* villa
visuell visual
Vizepräsident, –en, *m* vice-president
Vogel, ⸚, *m* bird
Vogelname, –n, *m* bird name
Volk, ⸚er, *n* the people
Volksfest, –e, *n* folk festival
Volkslied, –er, *n* folk song
Volkspartei, –en, *f* people's party (political)
Volkspolizei, *f* East German police
Volkssport, *m* mass sport
Volkssportkampagne, –n, *f* national fitness campaign
Volkstanz, *m* folk dance
voll full (of)
Volumen, –, *n* volume
von of; from; "von hier aus" = from here
vor before; ago; when approaching; in front of; "vor allem" = above all
vorankommen, kam voran, vorangekommen to get ahead
Vorarbeit, –en, *f* preliminary work
Vorarbeiter, –, *m* foreman
vorbei past
vorbereiten to prepare
Vorbereitung, –en, *f* preparation
Vorbereitungsarbeit, –en, *f* preparatory work
Vorbereitungsklasse, –n, *f* (remedial) preparatory class
vorgehen, ging vor, vorgegangen to run fast (clock)
vorgestern on the day before yesterday
vorher before
vorlesen, las vor, vorgelesen to read to someone
Vorlesung, –en, *f* lecture
vorn(e) in *or* to the front
Vorrat, ⸚e, *m* supply
vorsichtig careful
Vorsilbe, –n, *f* prefix
vorwärts forward
vorzeigen to exhibit; to show
VW "Volkswagen" (car make)

W

wach awake
wachmachen to awaken
wachsen, wuchs, gewachsen to grow
Wagen, –, *m* car; cart; wagon
wahr true
während during
Wahrheit, –en, *f* truth
wahrscheinlich probable
Wald, ⸚er, *m* forest
Waldgebiet, –e, *n* forest region
Waldtier, –e, *n* animal of the forest
Wand, ⸚e, *f* wall
wandern to hike
Wanderung, –en, *f* hike
wann when
Ware, –n, *f* merchandise

warm   warm

warmherzig   warmhearted

warten auf   to wait for

warum   why

was   what; *short form of* "etwas" = something; "was für" = what kind of

Wäsche, *f*   wash

waschen, wusch, gewaschen   to wash

Waschlappen, –, *m*   washcloth

Wasser, –, *n*   water

Wasserski, *n*   water-skiing

wecken   to alert; to awaken

weg   away

Weg, –e, *m*   way

wegen   because of

wegfahren, fuhr weg, weggefahren   to depart by vehicle

weggehen, ging weg, weggegangen   to go away; to walk away

wegkommen, kam weg, weggekommen   to get away, to leave; to be lost (things)

wegwerfen, warf weg, weggeworfen   to throw away

wehtun, tat weh, wehgetan   to hurt someone

weiblich   female

Weihnachten, *pl. or n*   Christmas

Weihnachtsbaum, ¨-e, *m*   Christmas tree

weil   because

Wein, –e, *m*   wine

Weinbau, *m*   winegrowing

Weinbauer, –n, *m*   winegrower

Weindorf, ¨-er, *n*   winegrowing village

Weinfirma, –firmen, *f*   wineproducing firm

Weinland, *n*   vineyard acreage

weiß   white

weit   far; wide; "bei weitem" = by far

weiter   farther; further

(von) weither   from faraway

welch   which

Welt, –en, *f*   world

weltbekannt   known the world over

Weltkrieg, –e, *m*   World War

wenig   little; *pl.*: few

weniger   less

wenigstens   at least

wenn   when; if

wer   who

werden, wurde, geworden   to become; "es wird nichts daraus" = nothing comes of it

werfen, warf, geworfen   to throw

Werktag, –e, *m*   weekday (as opposed to Sunday)

wertvoll   valuable

westdeutsch   West German

Westen, *m*   West

Westeuropa, *n*   Western Europe

westlich   Western

Wetter   weather

Whisky, –s, *m*   whiskey

wichtig   important

wie   how; as; like; when

wieder   again

wiederholen   to repeat

wiederkommen, kam wieder, wiedergekommen   to return

wiedersehen, sah wieder, wiedergesehen   to meet again; "Auf Wiedersehen!" = goodbye

wiegen, wog, gewogen   to weigh

Wien, *n*   Vienna

wieso   for what reason

wieviel   how much; how many

Wikinger, –, *m*   Viking

wild   wild

Wille, *m*   will; willpower; volition

winken   to wave (*not* to wink)

Winter, –, *m*   winter

wirklich   real

Wirklichkeit, –en, *f*   reality

Wirtshaus, ¨-er, *n*   pub

wissen, wußte, gewußt   to know for a fact

Wissen, *n*   knowledge

Witwe, –n, *f*   widow

Witwer, –, *m*   widower

wo   where

wo(r)–   what ("worüber" = about what)

Woche, –n, *f*   week

Wochenende, –n, *n*   weekend

Wochentag, –e, *m*   day of the week

wohin   where (to)

wohl   probably

wohnen   to reside

Wohnhaus, ¨-er, *n*   residential dwelling

Wohnheim, –e, *n*   dormitory

Wohnsilo, –s, *n*   apartment silo (*derogatory*)

Wohnung, –en, *f*   apartment; residence

Wohnwagen, –, *m*   (vacation or house) trailer

wollen to want to

Wort, ̈-er *or* **-e,** *n* word

wortlos without a word

wozu what for

Wunder, -, *n* miracle

s. wundern über to marvel at (*not* to wonder if)

wundervoll wonderful

Wunsch, ̈-e, *m* wish

wünschen to wish

Wurst, ̈-e, *f* sausage

Würstchen, -, *n* little sausage

Wurstverkäufer, -, *m* sausage vendor

Z

z.B. "zum Beispiel" = e.g.

zahlen to pay

zählen to count

Zahltag, -e, *m* payday

Zahn, ̈-e, *m* tooth

Zahnarzt, ̈-e, *m* dentist

Zahnbürste, -n, *f* toothbrush

zehnklassig having ten grades of school

zeigen to show; "s.z." = to become apparent

Zeit, -en, *f* time; "zu der Z." = at that time; "zu Zeiten" = at times

Zeitung, -en, *f* newspaper

Zeitungsannonce, -n, *f* newspaper ad

Zeitungsartikel, -, *m* newspaper article

Zelt, -e, *n* tent

Zentimeter, -, *m* centimeter (cm)

zentral central

Zentrale, -n, *f* central office, unit, establishment; command post

Zentralheizung, -en, *f* central heating

zerstören to destroy

Zerstörung, -en, *f* destruction

ziehen, zog, gezogen to pull

ziemlich rather; quite

Zigarette, -n, *f* cigarette

Zigarre, -n, *f* cigar

Zimmer, -, *n* room

Zirkusarbeit, *f* work at the circus

Zirkusdirektor, -en, *m* circus director

Zirkustier, -e, *n* circus animal

Zirkuswagen, -, *m* circus van or trailer

Zitadelle, -n, *f* citadel

Zivilisation, -en, *f* civilization

Zoll, -, *m* inch

Zoo, -s, *m* zoo

Zoologie, *f* zoology

zu to; too; for the purpose of; "zu Tausenden" = by the thousands

zudecken to cover

zuerst first

zufrieden content

Zugtier, -e, *n* draft animal

zuhören to listen to

Zukunft, *f* future

zukünftig prospective

zuletzt last; in the end

zumachen to close

zurück back

zurückbleiben, blieb z., zurückgeblieben to stay behind

zurückdenken an, dachte z., zurückgedacht to think back to

zurückgehen, ging z., zurückgegangen to go *or* walk back

zurückkehren to return

zurücklassen, ließ z., zurückgelassen to leave behind

zusammen together

Zusammenarbeit, *f* cooperation

zusammenbleiben, blieb z., zusammengeblieben to stay together

zusammenbringen, brachte z., zusammengebracht to collect; to get *or* bring together

zusammenhalten, hielt z., zusammengehalten to hold together

zusammenkommen, kam z., zusammengekommen to get together

zusammenlegen to merge; to put together

Zusammenlegung, -en, *f* consolidation; merger

zusammenstellen to put together

zusammenstoßen, stieß z., zusammengestoßen to collide

zusehen, sah zu, zugesehen to watch; to see to it

zuviel too much; too many

Zweifamilienhaus, ̈-er, *n* two-family dwelling

zweisitzig with two seats

zweiteilig consisting of two parts

zweitens second of all

zwischen between

B
C
D
E
F
G
H
I
J